日本の1/2革命

池上彰
Ikegami Akira
佐藤賢一
Sato Kenichi

a pilot of wisdom

目次

関連年表デザイン／今井秀之

まえがき　ロベスピエールの二分の一革命

佐藤賢一

「一七八九年、パリの人民は無我夢中で立ち上がりました。自由を手に入れるという意識より、宮廷からの攻撃をはねかえさなければならない、古き専制主義から逃れたいという意識のほうが、むしろ強かったことでしょう。自由、それは今日なお混乱しがちな観念です。ましてや諸々の原理など周知されているわけではありませんでした。

一七九二年は違います。人民は侵された自由を基礎づけている法律に異議を唱え、あるいは永遠に消しえない人間の諸権利を、またもや踏みにじろうとした不実な代表者たちに報復せんがため、己の勇気を奮い起こして立ち上がったのです。最初の代表者たちにより三年前に宣言された諸原理を、行動に結びつけたともいえます。自らに認められた主権を行使し、自らの安全と幸福を確保するために、自らの力と正義を動かしたのです。

一七八九年には、人民は有力者と呼ばれる輩《やから》、同時に政府側でも力を振るえたような一派に助けられました。これが一七九二年になると、人民は進むべき道を選択するに際しても、その道を歩むべく力を振るうに際しても、自前でなす術《すべ》を見出したのです。あげくに正義と、平等と、理性を敵の手から独力で守り通したのです。ゆえにパリの人民はフランスに偉大な手本を示した、とそう言うに留まりません。すでにしてフランス人民が、一緒に立ち上がっていたといえるのです」

と、いきなり引用してみたのは、ロベスピエールの演説です。日本の教科書にも太字で記されていますから、たぶん名前くらいは聞いたことがあるでしょう。フランス革命の指導者で知られる、かのマクシミリヤン・ロベスピエールが、一七九二年八月一〇日夕、パリ、サン・トノレ通りのジャコバン・クラブで打ったという、きわめつけの演説なのです。

まず読み取れるのは、一七八九年と一七九二年が、ふたつながら対置されていることでしょう。具体的には、政治的な事件というか、社会的な運動というか、とにかく各々の年に起きた出来事を論じているわけですが、一見ふたつは良く似ているけれど、中身は全然違うんだぞと、ロベスピエールは畳みかけるような話法で力説しているわけです。

それでは、一七八九年とは何で、一七九二年とは何なのでしょうか。

一七八九年は簡単です。教科書にあるように、それはフランス革命が勃発《ぼっぱつ》した年です。五月五日に全国三部会(1)という議会が開かれ、その行き詰まりに蜂起《ほうき》したパリの民衆が、七月一四日にバスティーユ要塞《ようさい》を陥落させます。その勝利を受けた議会が八月二六日、人類の記念碑ともいうべき「人権宣言」を採択したというのが、一七八九年なのです。

とすると、一七九二年とは何なのか。実はこれもフランス革命です。八月一〇日にパリの民衆は再び蜂起、今度はテュイルリ宮を襲撃して、スイス人傭兵《ようへい》部隊を相手に市街戦を制し、王宮を占拠します。そのまま議会に逃げこんでいた国王一家の身柄を拘束、九月二一日に王政を廃止し、二二日には共和政を樹立すると、こういう流れなわけですから、一七九二年とて紛れもなくフランス革命なのです。

それでもロベスピエールは、ふたつを区別しています。もちろん関連づけてはいますが、それでも彼方《かなた》一七八九年、此方《こなた》一七九二年と分けながら、ときに別個の事件であるかの語り口なのです。

だいぶあとから振りかえった、結果論というのではありません。それどころか、まさに蜂起の当日、昼に民衆の勝利が決したばかりという、その夕に打たれた演説です。大事件が起きた、これは画期なんだと、直後ならではの興奮もあったかもしれません。けれど、フランス革命と一括《ひとくく》りにすることこそ、後世による結果論にすぎない恐れだってあるわけです。やはりフランス革命として、全てを包括的に捉《とら》える必要があるにせよ、呼び方から思い浮かべてしまうような一本調子の運動ではなく、その途中に自ずから前半と後半を分けるような大きな断絶があることくらいは、認識されて然《しか》るべきなのかもしれません。

実際のところ、フランス革命は半ばでガラリと性格を変えてしまいます。ロベスピエールがいうように、一七九二年八月までの前半戦は偶発的、妥協的、人任せ的な運動、一七九二年八月からの後半戦は計画的、原理的、自力救済的な運動なのです。そうしたフランス革命のことは、二段ロケットにも譬《たと》えることができるでしょうか。つまり、一七八九年は単なる打ち上げにすぎなかったと。一七九二年に別ブースターが点火され、新たな推力で、新たな軌道に乗ろうとしたのだと。

私がそう思うようになったのは、『小説フランス革命』を書き進めている最中でした。だいぶ前から取り組んでいる仕事で、全一二巻の予定は今も完成していません。とはいえ、

「二段ロケット」に気づいた時点で、もう最初の数巻は出版されていました。ですから、ドキッとさせられたわけです。しまったと頭を抱える思いもしたというのは、出版直後の取材で知ったかぶりも語ってしまっていたからです。

「戦後政治や社会の構造が変革を迫られている時期に来ているのに、日本人は変わり方を知らない。日本の幕末も、フランス革命に比べれば穏やかだった。劇的に変化したフランス革命から、今こそ必要な『変わり方』を学べると思う」（「讀賣新聞」二〇〇八年一二月三日付）

「では、なぜ日本ではなかなか変革が実現しないのでしょうか。それは多くの人が、変わり方を知らないからでしょう。フランス革命と対比されるものとして明治維新がよく挙げられますが、両者には決定的な違いがある。維新の主役である坂本龍馬も西郷隆盛も権力の中枢からは外れていたとは言え決して庶民ではありません。しかも、将軍は殺さないし天皇も残した。社会の変え方もきわめてソフトランディング的です。それに対しフランス革命の主役はあくまで庶民であり、最後は王まで殺してしまった。引き返せないほどの大変革を行ったから、自由を勝ち取ることができたのです」（「週刊現代」二〇〇九年、一月

一〇日・一七日合併号）

「明治維新よりもフランス革命の方が、変革の幅が大きいのです。善悪は別として、フランス革命は王を処刑し、絶対王政から共和政へと移行しましたが、維新では将軍を処刑するような決定的手段は用いられていません。また大きく異なるのは、変革に参加した人々の厚みです。維新では下級武士が中心となりましたが、あくまで一握りの武士階級による変革でした。それに対し、フランス革命には無名の庶民が数多く参加しているのです」

（「歴史街道」二〇〇九年、四月号）

明治維新を何度も引き合いに出していますね。そうすることで、より多くの読者に興味を抱いてもらいたいという思いはありましたが、平素から日本史との比較に関心があることも事実です。それでインタビュー当時の私ですが、フランス革命と明治維新との違いを、専ら大きい、小さいで捉えていました。

今も完全な間違いだとは思いません。それでも舌足らずなところはあったなと、そこは猛省しています。フランス革命と明治維新の違いは、変化の幅の単純な大小でなく、前者が二段ロケットだったのに対して、後者は一段しかなかったと、そこなのではないかと思うようになったのです。

二段まであったほうが大きい。一段しかなければ小さい。フランス革命がフルサイズだとすれば、明治維新はその半分、鼻息荒いロベスピエールにいわせれば、不完全で、不本意でもある、二分の一革命ということになるでしょう。

やはり大小の話じゃないかと返されるかもしれません。もちろん、そうなのですが、私がこだわりたいのは、フランス革命だって前半だけなら変化の振れ幅は大きくない、ロベスピエールがいうように民衆だって必ずしも主役じゃなかった、つまり明治維新と大差なかったのだと、そこのところなわけです。二分の一革命といって、少なくとも私には明治維新を貶《おとし》める意図はなく、明治維新とて立派な革命だった、一七八九年に匹敵する革命だったと、むしろ前向きに評価したい気分が強いのです。

それでもフランス革命のほうが偉いのだろう、明治維新にない二段目があるのだから、やはり評価は上なのだろうと返されるかもしれません。が、これまた私には手放しで礼賛する気などないのです。いくらか注意が必要だろうと、フランス革命の後半戦については、今度は慎重に構える気分が強い。ロベスピエールはロケットの二段目があるのが理想的、まさに結構ずくめという語り方ですが、そこには王の処刑、独裁、粛清、恐怖政治、地方の弾圧というような、フランス革命のなかでも「汚点」とされる事象が集中しているわけです。

日本の明治維新は一体に清々《すがすが》しいイメージなのに、フランス革命となると、ときに血みどろといった暗さがつきまとう。これも後半戦のせいでしょう。教科書に載せられる年号が、一七八九年だけだというのも、イメージの悪さのためかもしれません。理想と現実が乖離《かいり》する。言葉だけが独り歩きする。エスカレートするほどに、どんどん後戻りできなくなって、あとは過激になる一方。そうやって否定したくもなるのですが、これまた安易な態度だろうと抵抗があり、つまるところ私の思いというのは、なんとも複雑なのです。

しょせんはフランス革命、ぜんぜん関係ない外国の歴史と割り切れるなら、いっそのこと楽ですね。けれど、そうもいきません。今の日本というのは、これは、もう、大変な状態じゃないですか。変われない今が行き詰まって、ついに政権交代が起きた。その民主党も政権を委ねてみれば、政見がぶれる、政策も一貫しない、そうするうちに党が揉める、総理大臣も替わると、なんだか危なっかしい感じがする。本当に大丈夫かなあと思っているうちに、東北から関東にかけて前代未聞の大地震が起き、福島の原発事故を合わせて、まさに歴史的な大震災に発展してしまう。がんばろうとか、ひとりじゃないとか、日本は強い国だとか、ただ唱えているだけじゃあ、どうしようもない。これからどうするべきか、そこを真剣に考えなければならない。こういうときに頼りたくなるのが歴史の教訓なんだけれど、明治維新という成功体験だけで足りるのかと、そのへんは覚束ないわけじゃないですか。いよいよもって、どんな知恵でも借りたいと思うわけじゃないですか。フランス革命のことも勉強してみてよいのかなと、思いを強くするばかりだという所以《ゆえん》です。

序章　改革、変革、革命

佐藤　おひさしぶりです。二〇〇九年の秋に一度対談をさせていただいて、そのとき以来ですね。

池上　もう一年少しくらいになりますか。

佐藤　池上さん、ますますご活躍ですね。お忙しいでしょう。あんなにたくさんお仕事されて、よくぞ身体を壊されないものだと、驚いています。

池上　いやいや。私は、体調は崩さないけど、体型を崩すんです。忙しくなるほど甘いものを食べて運動不足になるものですから。チョコレートやらクッキーやらで、脳にエネルギーを与えているつもりなんですが、どうも身体のほうに与えちゃっているらしいのですねえ。というわけで、一つ仕事が終わるたびにダイエットして、体重を元に戻してから、次に取りかかってます（笑）。ところで、『小説フランス革命』の連載はどんなご様子ですか？　なにしろ大長編だ。

佐藤　はい。前に池上さんとお話ししたころは、全一〇巻ということで進んでいたのですが、その後、終了の見込みが立たなくなりまして、全一二巻に変更になっちゃいました。

池上　うわ。たいへんだなあ。しかし、テーマがテーマですから、書きはじめることも難しいのでしょうけど、どこでどういうふうに終了するかという締めの形も、また、難しいんでしょうねえ。

佐藤　おっしゃるとおりです。始まりのほうは、やっぱりフランス革命が起きた一七八九年だろうと。いろんな意味でそこに歴史が集約されていますので、その前後から始めるということで迷いがなかったのですが、終わり方については今も悩んでいまして。どこまで続けたらいいのかっていうのは、依然として未定というか……。フランス革命がいつ終わったのか、実は研究者の間でも諸説ある状態なんです。それなら自分なりの展望を持てばいいと、歴史そのものを吟味してみて、あれこれ考えてみるんですが、やっぱりよくわからない。歴史観を問われている、大きく歴史を俯瞰《ふかん》する能力を試される、そんな気までしてしまうから、ますます答えが出せなくなるというか。ところが小説にするかぎり、どこかにエンドマークを打たなければならないわけですから、いやあ、本当に悩んでいます。

池上　それを聞いて逆に楽しみになりました。「なるほどなるほど、フランス革命というのはこういう結論だったのか！」ってことになるのか、それとも、「えっ、ここで終わるのかよ！」ってなるのか。うかがって、えらい楽しみになりましたね。

佐藤　じつは、その「どこで終わるか」という宿題が、私たちの対談の重要なテーマになりそうな気がしています。

なぜ二分の一なのか

池上　今回は、佐藤さんのご専門でもあり、ご執筆中でもあるフランス革命を軸にしながら、ひるがえって、日本の歴史上のいろいろな革命、あるいは、政治改革といったものを眺めてみようという趣旨と理解しておりますが、ここで改めて、二、三確認させていただいてよろしいですか。まず、なぜ二分の一なのか。

佐藤　ちょっと不思議なタイトルでしょう。

池上　不思議です。

佐藤　二分の一というのは、『小説フランス革命』の連載を進める過程で思いついたことなんです。とくにここ一年ほどは、日本の現状を見るほどに思いが強まるばかりというか、ますますリアルに確信する一方になっています。

池上　といいますと、二〇〇九年の政権交代以降の日本と――。

佐藤　関係あります。私が集英社の小説誌に『小説フランス革命』の連載をスタートしたのは二〇〇七年一月で、つまり前年の二〇〇六年から準備にかかっていたのですが、そのころはまだ、フランス革命と日本の政治を対比して眺めようという意識は、それほどありませんでした。バブル経済が崩壊して、失われた一〇年なんていわれているうちに一〇年どころじゃなくなって、日本もいい加減変わらなくちゃいけないよな、くらいの気分はあったのですが、当時としては政治の問題というより、経済の問題という感覚も強くありました。ところが、書き進めるうちに状況が変わってきた。革命のフランスと現代の日本が似通ってきた。とりわけ二〇〇八年くらいからだったと思いますが、あれあれあれという感じで、いろんなことがかぶってみえてきたのです。

池上　たとえばどんなことでしょう。

佐藤　フランス革命の前夜、といっても一八世紀の後半というくらいの長いスパンですが、あの国では財務大臣、当時は内閣の首班が王という格好ですから、重商主義で有名なコルベール以来の慣習からいっても、事実上の首相ですね、これがどんどん更迭されて替わったんです。重農主義経済学者のテュルゴ(2)、スイスの銀行家ネッケル(3)、貴族出身のカロンヌ(4)、聖職者出身のロメニ・ドゥ・ブリエンヌ(5)、そして再びネッケル……。

池上 ほう。

佐藤 なぜそんなに替わったかというと、当時のフランスはたいへんな財政難だったんですね。それで、なんとかしようとして、いろんな人が出てきてトライした。ところが誰がやっても成功しなかったのです。

池上 日本でも、小泉純一郎以降、安倍晋三、福田康夫、麻生太郎と首相がどんどん替わりました。

佐藤 替わりましたね。その理由もそんなにかけ離れたものではなかったと思います。大臣たちが立ち向かった財政難、フランス革命の直接の引き金にもなった国家の財政破綻といえば、王妃マリー・アントワネットが贅沢《ぜいたく》しすぎたからだとか、いや、それは劇画的な解釈にすぎる、本当はアメリカの独立戦争に肩入れしすぎたからだとか、いろいろな理由が挙げられています。とはいえ、その本質を問う、根っこの部分を探していくと、いわゆる財政問題、このときこうしたから、あのときああしたからでなく、もう常態的になっている問題、こうなれば構造そのものから変えていかなければならないという、そこまでの問題があったわけです。

池上　日本も同じような状況ですね。

佐藤　そうなんです。みんな財政改革に取り組んだけれど、誰も成功しなかった。ところが、ありがたいことにというか、単に財政問題があるだけじゃあ、革命は起きないようなんです。よほどのことがないと起きないといったほうが正しいかもしれない。国も麻痺する。景気も悪くなる。社会も暗くなる。それでも持ち堪《こた》えるものなんですが、フランスでは最後のとどめをさすように、一七八八年に歴史的な凶作となったんですね。典型的な冷害で、夏に雹《ひょう》が降る、冬にはいよいよ河まで凍る、流通まで滞って、仮に食べ物があったとしても送られてこない。これが決定的でした。民衆は暴動を起こす、もちろん具体的な紆余曲折があったうえで暴動を起こすわけですが、根本は腹が減ってイライラする、これだったと思います。私の『小説フランス革命』では一巻で触れられている模様なんですが、その出版が二〇〇八年一一月でした。してみると、こちらの日本の現実でも、ちょうど歴史的な金融恐慌が起こったんです。

池上　起こりましたね。リーマン・ショック(6)が。

佐藤　革命なんて、そう簡単に起きるものじゃない。フランス人みたいに、気が短いわけでもない。むしろ日本人って、なかなかキレない国民だと思うんですけど、これはひどかったですからね。いくらなんでも、さすがにキレるかなと思っていたら。

池上　思っていたら。

佐藤　ほんとにキレちゃった。

池上　二〇〇九年、まさかの政権交代になりましたね。

佐藤　日本でもフランスと同じように革命が起こった。あの政権交代を革命といっていいかどうかについては意見が分かれると思うんですけど、当時は本気で革命が起きたと思いましたし、いくらか冷静になった今も、自分としては一種の革命といっていいのではないかと考えています。しかし、かたわらでは『小説フランス革命』のほうも書き進めていました。前より勉強も進んで、自分のなかでの見方も煮詰まってみると、違いのほうも目についてきたんですね。確かに似ている部分も多いんだけれど、違う部分も少なくない。言い方をかえれば、日本の政権交代をフランス革命と比較すると、進度として半分くらいなんじゃないかと思うようになったんです。

池上　それが、二分の一という話につながっていくのですね。

佐藤　そうです。というのも、比べたのは二〇〇九年だけじゃなかったんです。この日本にも、歴史上、革命みたいなものはいくつかありました。たとえば、明治維新とかは代表的な例ですよね。きっかけは二〇〇九年だったけれど、フランス革命の二分の一だなと思いついたのは、むしろこちらと比較してみたときだったんです。

池上　敗戦後のＧＨＱ革命⑦、あるいは八・一五革命⑧といわれる事態についても、そのように捉えることが可能ということですね。

佐藤　ええ。そして、六〇年、七〇年安保⑨のときの革命とか。

池上　それ、私たちの時代です。小熊英二さんの『１９６８』とか、いま、あの時代を振り返る本、けっこう出ていますね。ともあれ、そういうものがだいたい二分の一だと。

佐藤　そうなんです。フランス革命というのは、身分を廃止したり、議員の公選制を取り入れたりと、国家の近代化も進めたけれど、ご存じのように王様をギロチンにかけて、まさにバッサリ斬《き》り捨てるような感じで王政を廃止して、共和政の樹立まで一気に突き進んでいます。それをフルサイズの革命だったとすると、いまあげた日本の革命みたいなものは相対的に半分、二分の一といえるんじゃないかと、それが私の着想なんです。明治維新でも、近代国家に生まれ変わるために幕藩体制はやめたけれども、徳川将軍の首を斬っちゃったわけではないでしょう？

池上　敗戦のときも、天皇制をバッサリやめちゃったわけではありませんね。

佐藤　世界を見渡せば、フランス革命のほかにも、ロシア革命とか、イラン革命[10]とか、もっと強烈な革命がいろいろあります。でも日本の場合はいつも穏健で——。

池上　なまぬるいともいいますか（笑）。

佐藤　そうともいいますね（笑）。

池上　その後の自民党の政権では、ほとんどなにも変わらず半世紀が過ぎましたね。

佐藤　ええ。ところが、その政権がとうとう取ってかわられました。そして、それ以後の状況を眺めていたら、なんだかけっこう危ういんですね。場合によると、いつもの二分の一革命ではすまないのではないか？　と思わせるところもある。もしかしたらもしかするぞ——と、僕などはいちいちフランス革命と比較する癖がついているので、とくにそう感じてしまうのかもしれませんが。

池上　二分の一ではすまないかもしれない。あるいは、二分の一ですませてはいけないのかどうかという点も、これから議論しなければなりませんね。

佐藤　そうですね。残り半分をやるのか、それとも、やらないのか。

池上　フランス革命みたいなフルサイズの革命をやってみますかと。ちょっと恐い感じもしますけど。

佐藤　まさにそういうことなんです。そのへんを今回、池上さんと考えてみたいんです。

池上　いやー、面白そうですね。

ヘンな革命

佐藤　はじめに、まず、革命とか政権交代とかいった、これからの議論のための用語の整理をしたほうがいいでしょうか。革命と改革はどこが違うのかとか。革新とか……、そう、改良という言葉もありますね。

池上　そうですね。「革命」というのはそれまでの体制を完全にひっくり返す。「革」というのは、「改める」っていう意味で、中国から来た言葉ですね。天が政権をひっくり返すというようなことを表しています。英語でいうとレボリューション。

佐藤　レボリューションも、ひっくり返すという意味ですね。

池上　これに対して、「改革」というのは、そこまでやらないけれども、それまでの体制を大きく改めるという意味です。私の認識では、「革命」と「改革」の間には大きな線引きがあって、革命は、それまでの体制を完全にひっくり返して別の人間が取ってかわる。これに対して、改革というのは、体制を大胆に変えはするけど、別の人間が取ってかわるわけではない。

佐藤　革命のほうは主語が変わってしまうけれども、改革のほうは、主語が変わりませんね。

池上　そういうことです。改革というのは、その政体の主人公は変わらない。しかし、「革」の字が入っていますから改良よりは激しいのですね。そこで思い出すのが、小泉さんの、例の「構造改革」です。

佐藤　その言葉も一世を風靡《ふうび》しましたね。けれども、あれは自民党の中の話でした。自民党を内側から変えるといって。だから改革なんでしょうね。

池上　構造改革といえば、ちょっと面白いことがあるんです。いまでは構造改革というと即、小泉さんのを連想しますけど、その昔もあったんですねえ、構造改革というものが。ほとんど忘れられていますけど、一九六〇年代に、共産党の中から追い出されるようにしてできた一派や、社会党の江田三郎などの一派が、日本を極端な革命で変えるのではなく、議会を通じてじっくり着実に社会主義にもっていこうという立場をとった。それを、構造改革派と呼んでいたんです。

佐藤　言葉は同じだけれど、政治的な文脈や立場、中身はぜんぜん違いますね。

池上　ええ。これに対して、小泉さんが叫んでいたのは、新自由主義の立場から、日本のいろんな規制をとっぱらって自由な競争をやろうというものでしたよね。日本の社会の構造そのものを改革していくんだと。それによって経済が発展していくという主張でした。

佐藤　そこから、郵政民営化とか道路公団の民営化とかが出てきました。国が口を出すのは最低限にして、なるべくマーケットのなりゆきに任せましょうという、市場原理主義の立場ですね。

池上　ええ。日本の体制というのは、建前は自由な資本主義なんですけど、戦前から統制経済的なところがけっこうあって、あまりに激しい自由競争はやめましょうと、いろいろ規制してきました。それは要するに、日本が戦争を遂行するためのコントロールでもあったのですけど、結果的に国家社会主義的に機能することになって、その形が戦後の民主化の中でも生き残ってきた。そういう中で長期政権を担ってきたのが自民党ですから、彼らがやってきたことって、世界的に見ると、意外と社会民主主義的だったりするんです。

佐藤　そう言われることがありますね。日本は世界でもっとも成功した社会主義国だって。

池上　そうなんです。社会主義の理想というのは、みんなが平等で、みんなが働くことに意欲を持っているような、豊かな社会を作ること。ですよね？　そうだとすると、日本はある意味では理想型だったといえる。中国やソ連は、建前はみんな平等ないい国であるはずなのに、実際にはちっとも平等じゃないし、働くことに意欲がなかったりする。その点、日本は見事に機能しました。

ですから、一九九〇年代以降、ソ連とか東欧とか、社会主義の国々は次々に崩壊していきましたけど、日本は成功していたがゆえに簡単には崩壊しなかったんです。しかし、社会主義の欠陥っていろいろありますから、最終的には、やっぱり行きづまった。その中から出てきた道が、じゃあ、今度こそ規制を緩和して本物の資本主義にしようという小泉さんの構造改革路線であった――というふうに、私は歴史的に位置づけているんです。成功した「社会主義国」である日本も、世界の社会主義諸国より一〇年以上遅れて行きづまった。そこで、小泉さんがそれに対するアンチテーゼを出したんだと。

佐藤　なるほど、面白いですね。成功したがゆえに遅れてしまう。フランス革命にも、そういう面があるといわれています。民主化には成功したんだけれど、そのために産業革命には遅れてしまったんです。成功したイギリスと比べると、はっきりするんですが、こちらは地主貴族たちのエンクロージャー、つまりは農地の囲い込みですね、これによって大量の小作農が仕事を失ってしまったんです。この小作農が都会に出ていって、工場に働き口を求めて、結果的に産業革命に必要な労働力を提供することになったと。ところがフランスでは、革命で身分制度を否定して、貴族の領地なんかも解体してしまいましたから、自営農が急激に増えたんです。それとして結構な話で、畑仕事で食っていけますから、わざわざ都会になんか出て行かない。勢い、工場に必要な労働力が不足がちになり、結局フランスの産業革命が振るわなかったというんです。

まあ、脱線にすぎませんね。話を戻しますと、ともあれ、小泉さんは自民党政権の中で方向性を変えようとしたわけですから、「改革」なんですよね。これに対して、二〇〇九年の政権交代は、政治の主体そのものが変わったので、「革命」に近い。

池上 しかし、もうちょっといいますと、革命と改革の間にいま一つ、「変革」というのがあるんですね。私の位置づけでは、これも行動の主体が変わる。すなわち、より革命に近くて、かといって革命まではいかない感じ。ですから、民主党が自民党に取ってかわったのは、変革という言葉がいちばん近いのかなという気もするんです。

佐藤 近いかもしれないですね、うん、変革。

池上 ところが、さらにもう少しいいますと、「変革」って文字をよくよく見ると、なんか違う意味に見えてくるんですねえ。民主党も政権を取った当初はよかったけれど、いまは錯綜《さくそう》してますでしょう？　だから、この政権交代はいったいなんだったのだろうと疑問に思ったりして。最初は変革っていい言葉だなと思ってたんですけど、最近は、そうじゃなくて、変な革命だったんじゃないかと思うようになったりして。ヘン革（笑）。

佐藤　ハハハハ。

「言葉」は政治のバロメーター

佐藤　フランス革命と「民主党革命」を比較してみると、ひとつ面白いことがあるんです。それを最初に問題提起として出しておきたいと思います。いずれも、取ってかわられた政権に〝言葉〟がなくなっていたということです。フランス革命の場合はルイ王朝の絶対主義王権。日本の場合は自民党政権。

池上　フランスの王様も、日本の自民党も、言葉がなくなっていたと――どういうことでしょうか。

佐藤　どんな政権でもそうなんですが、政権の末期というのは言葉がなくなるといわれています。要するに、自分たちはなにをやりたいかとか、なにをめざすのかとか、そういうことを表現する力がなくなる。

池上　なるほど、そういう話ですか。

佐藤　これに対して、新しく政権を取ろうとする側は多くの言葉を持っていて、雄弁にアピールする。しかし、それを別の側面から見ると、新しく政権を取る側は、実績がゼロだから、言葉でいうしかないともいえるんですね。「自分たちはこういうことをやります、期待しててください」と、口でいうしかない。これに対して、長く政権を取っていた旧体制側は、それなりに積み上げてきた実績があるので、ごちゃごちゃいう必要もない。ヨーロッパ史では一六世紀はスペインの時代、一七世紀はフランスの時代、一八世紀はイギリスの時代とよくいわれます。フランス史では一七世紀を「大世紀」と呼ぶくらいです。太陽王ルイ一四世がヴェルサイユ宮殿を築いた時代、まさしくブルボン朝が我が世の春を謳歌していた時代、つまりフランスという国は一八世紀末に革命が起きるまでに、栄光の頂点を経験しているんですね。まさに大国でしたから、政治をするほうの理屈でいえば、おまえたち、フランスに生まれてラッキーなんだぞ、それで十分じゃないか、というわけです。日本人だって、じき世界一の経済大国になるとか、パックス・ジャポニカが世界を治めるとかいわれたバブルの時代には、政治の言葉なんて欲しいとは思わなかったはずです。

こうして楽しい思いができてるんだから……。

池上　いまさらなにを言わせるんだみたいな。

佐藤　ええ。ましてや、フランスは絶対王政でした。王様には神様から民を統《す》べる権利が与えられているという前提ですから、なにもいう必要はない。いわゆる「王権神授説(11)」ですね。神様にケチはつけられないわけですからね。その神秘のカリスマを借りる政治は、必然的な問答無用というか、黙ってついてこいとなります。

いや、実際に革命前夜なんて、そりゃあひどいものでした。絶対王政の時代にも、実は高等法院という機関には、建白権が認められていたんですね。認めがたい法律は登録しない、王に差し戻すという形で異議申し立てをするわけですが、例の短命大臣たちの財政改革の時期ですね、既得権を守りたい高等法院は王家と対立したんです。つまり、こちらも褒められたものじゃないんですが、とにかく、このときの王家の報復がすごかった。いきなりパリ高等法院をトロワに追放する、ですからね。大騒ぎされて、いったんは取り消しましたが、すかさず今度は高等法院の権限を剝奪する、法律の登録権を取り上げ、裁判権まで骨抜きにするとやって、これを担当大臣の名前をとって、ラモワニョンの司法改革なんて称するわけです。善処もなければ、話し合いもない。説明しようともせずに、いきなり追放、いきなり権限剝奪、要するに高等法院という制度そのものが悪い、ですからね。まさに問答無用で、言葉なんてありません。これほどまでの暴挙になぞらえますと、いくらか気の毒なような気もしますが、自民党の長期政権も、ある意味、王権神授説みたいなものだったのではないかと（笑）。

池上　自民党が王権神授説。それは面白い（笑）。

佐藤　自民党政権がなかなかひっくりかえらなかったのも、こうこうこうだと具体的な根拠があったというより、むしろひっくりかえすことに漠然とした不安を感じる、そんなことしたらバチがあたりそうな気がすると、そのレベルだったような印象が強くあります。いずれにせよ、過去の話ですね。これからは日本でも、そうはいかない。特にいかなくなる。政治と言葉の問題って、非常に大きいと思っていますので、そのあたりも、今回つっこんでお話しできたらと思います。フランス革命でもキーになりましたし、いまの日本の政権でもキーになっています。政治のバロメーターじゃないでしょうか。

池上　いまおっしゃられたことと絡むかと思うのですが、フランス革命って、世界史の事件の中でも、もっとも才能豊かなキャラクターが結集した事件ですよね。

佐藤 そう思います。世界史上、もっとも熱い言葉が語られた事件でもあります。自由、平等、友愛をうたった「人権宣言」などはまさにそうですね。そのあたりのお話もしたいと思ってます。

池上 私、素人考えでよく思うんです。なぜ、あれほど豊かな人材が、フランス革命のあの一時期にどっと結集したのかなと。

佐藤 それは、ひとつには、それまで政治に携わることができたのが貴族だけだったせいじゃないでしょうか。平民はどんなに頭がよくても、どんなに優秀であっても、政治の世界には入れなかった。〝密室政治〟なんて、かつての自民党を非難した言葉がありましたけど、王権神授説ですから密室は当たり前です。王様が自分の部屋にお気に入りの大臣を呼びつけて、そこでボソボソ話し合った結論だけが、民衆に押しつけられていたんです。さっきも話しましたが、高等法院という機関には建白権が認められていました。けれど、これも法服貴族の牙城でしたからね。法服貴族というのは新興貴族ですが、それでも貴族は貴族なわけです。平民から成り上がった先祖は確かに優秀だったかもしれませんが、その子や孫となると、保証のかぎりじゃないわけです。

池上　なるほど。

佐藤　残り九割の国民が、すっかり蚊帳の外にされていた。有能なのに政治に参加できない逸材がくすぶっていた。アンシャン・レジーム（旧体制）のフランスというのは、そういう状態だったんです。

池上　平民、第三身分、小ブルジョワジーと呼ばれるような人たちですね。

佐藤　ええ。そういう人たちが、革命が始まって身分制度がとっぱらわれたとたん、ドーッと前に現れたんです。

池上　なるほど。チャンスを与えられたと同時に一挙に出てきた。

佐藤　ことに文学や思想の分野から出てきました。政治のほうで言葉を発することができなかったから、言葉を使える人たちはみんな文学に行ったんです。たとえば、モンテスキューとか、ヴォルテールとか、ルソーとか。ああいう〝啓蒙《けいもう》主義の祖〟といわれる人びとは、みんなそうです。政治のほうで望みがないから、すばらしい才能は文芸のほうに集まったんですね。というか、革命前のフランスは社会も硬直化していましたから、将軍の子は将軍、兵卒の子は兵卒で、立身しようと青雲の志を抱いても道がない。フレンチ・ドリームをみられる唯一の分野が文学、学問、芸術と、そういった方向だったんです。

なぜ夢が残っていたのかというと、文学、学問、芸術のありかたも変わりつつあったからです。それまで芸術家といえば、宮廷のパトロンなしには始まりませんでしたよね。パトロンの機嫌を損じてしまったら、もうお終いというような空気もありました。それが少しずつ変わっていく時代なわけです。かの有名なモーツァルト、幼い時分に後のフランス王妃マリー・アントワネットに求婚したエピソードがありますが、つまりは同時代人です。あのモーツァルトもザルツブルク大司教のお抱えでしたよね。後にウィーンに移りますが、その宮廷では失脚も経験します。ところが、めげない。オペラなんか手がけて、大衆が払ってくれる入場料で生計を立てようとする。パトロンにソッポ向かれても、大衆に受ければ食えると、今日の感覚では当たり前の話ですが、そういう稼ぎ方ができるようになったのが、実は一八世紀後半からなんです。モーツァルトは当たり前のことをしたんじゃなくて、職業芸術家の新しい形を模索した、いわばパイオニアのひとりだったんです。文学なんかも同じで、本が売れれば食える、芝居が当たれば食える、御上の機嫌なんか関係ないと、そういう図式から唯一のフレンチ・ドリームとしてあったんです。

本筋ではありませんが、意外に重要な話ですよね。フランス革命で一気に台頭したスターというのは、大衆に受ける術に長けている連中だったことになりますからね。ポピュリズムの問題なんかも、後で取り上げられたらなあなんて考えています。

さておき、革命当時のフランスですが、まず社会の才能という才能が文学に集まり、そこから政治に流れたといったほうが正しいでしょうね。実際、フランス革命で活躍した政治家の中には、それ以前はしこしこと小説を書いていた、あるいは劇作家として稼いでいた、なんて人が多いんですよ。たとえば、ミラボー(12)、ブリソ(13)、マラ(14)、デムーラン(15)、ファーブル・デグランティーヌ……、かたぶつのロベスピエールも、実は若かりしナポレオンも書いています。あの軍事的天才までもが小説家を目指さなければならなかった時代、明らかに異常ですよね。かたわら、政治のほうは政治のほうで、どんどん言葉を失っていった。やはり異常な話で、こちらは空っぽになっていたんです。で、いったん言葉を発することができるようになったら、言葉を持った人たちが、つまりは才能に恵まれたフランスの人材という人材が、これまた異常なくらいの一点集中で政治に流れ込んできた、それがフランス革命の世界だというわけです。

池上　すると、日本も少し前まで、政治が貧弱で言葉がなくて面白くなかったとき、豊《ほう》饒《じょう》な才能を持った人たちはみんな文学のほうに行った。そして、いま、日本の政治が面白くなってきた。今後はもっと面白くなりそうだ。言葉で政治が動くようになってきた。するとーー文学はつまらなくなるんでしょうか（笑）。

佐藤　困りましたね（笑）。実際、フランス革命期で真に文学的評価に値するのは、詩人のアンドレ・シェニエだけだなんていわれています。

池上　ハハハ。冗談はこれくらいにして、そろそろ本編に入りましょうか。そもそも、佐藤さんは、なぜ西洋歴史小説家で、なぜフランス革命を書きたいと思ったのかとか、聞きたいことがいっぱいあるんです。

第一章　日本人がフランス革命を語る意味

死体よりナマがいい

池上　佐藤さんはなぜ小説を書きはじめたんでしょうか。

佐藤　もともとは西洋史の研究者をめざしていて、大学院に進んだんですけれど、ちょうどそのころワープロというものが世に出まわりはじめまして——。

池上　佐藤さんが院生というと、一九九〇年ごろですか。

佐藤　ええ、二〇年くらい前ですね。僕はなかなか手を出せなくて、ずっと手書きでやっていたんですけど、ふと気づくとまわりはみんなワープロ化していて、手書きは僕だけみたいな状況になっている。そこで、これはいけないと思って、ちょうど春休みだったので、ワープロを買ってきて練習を始めたんです。

池上　このままでは、乗り遅れてしまうと。

佐藤　ええ。ところが、自分の歴史学の勉強でなにかを打ち込んでも、すぐ終わっちゃうんですね。学生のレポートなんて、数枚、せいぜい一〇枚くらいですから。それで、もっとたくさん入力しないと上達しないと思ったんです。じゃあ、どうしようかって考えたときに、ふと思いついて、そのレポートに登場してきた歴史上の人物に、ひとつセリフをいわせてみたんです。

池上　ほう。セリフをいわせた。そしたら?

佐藤　面白かったんです。しゃべらせたら面白かった。で、面白いから、あ、もうちょっといわせてみようかなって悪乗りして続けていたら、春休みが終わるまでに一つ、小説めいたものができたんです。

池上　佐藤さんの創作は、ワープロの練習から始まったわけですね(笑)。

佐藤　そうなんです。

池上　佐藤さんの「西洋歴史小説」というジャンルは、日本の作家の中では珍しいと思うんですが、それは、単純に大学でのご専攻が西洋史だったからなんですか?(笑)

佐藤　単純にそうです(笑)。

池上　しかし、最初は小説家ではなく、研究者をめざされていたんですよね? それが作家のほうに進路転換するって、勇気がいりましたでしょ。

佐藤　ええ。迷いました。

池上　どうして決断できたんですか。

佐藤　けっきょくは小説のよさのほうを取ったんです。作家というのは歴史学者ではありません。もっと大きな括りで「歴史家」にならなれるかもしれませんが、そういう方向を目指そうとも思わない。で、作家ですが、歴史を扱うことにかけては所詮はアマチュアなんです。けれど、作家には作家の強みがある、より歴史に肉薄できる美点があると思ったんです。作家というスタンスだと、直感、霊感、閃《ひらめ》きといったようなものを使えますけれども、学者はそういうものは使えない。学者は論理にしばられたり、証明に拘束されたりしますから。けれども、小説の場合は自由なんです。

池上　そもそも全部フィクションなんだという建前がありますね。

佐藤　登場人物の性格づけなんかは、小説の独壇場ですよね。フランス革命の初期に登場する人物に、ミラボーという辣腕《らつわん》の政治家がいるんですが、この人が残した演説の原稿などを読むと、非常にドラマチックなんです。そこで、こういう煽情《せんじよう》的な書き方、しゃべり方をする人は、こういう人物なんじゃないかと、どんどん想像を膨らまして、キャラクターを作っていく。

あるいは中期以降の指導者で、恐怖政治を布いたことで知られるロベスピエールという政治家がいます。ルイ一六世を断頭台（ギロチン）送りにしちゃった人ですね。この人が書いたものは、非常にきっちりしていて理性的なんです。革命家というのは激情的な人が多くて、やたらに体言止めが使われていたり、興奮して文法が破綻していたりするんですが、ロベスピエールの場合はきちんとした文章になっている。文才といえば文才だけれど、こういう几帳面《きちょうめん》な書き方をする人は、こういう人物なんじゃないかと、これまた想像を膨らませて、またキャラクターを作っていく。

池上　そこは、作家の面目躍如たるところですね。

佐藤　ええ。あくまでもフィクションですから。学者はそれができないんですけど、作家ならできる。こういう人物だったとオレは信じているんだ、という理由で書いていいんです。また、そういう迫り方のほうが、あんがい歴史の真実に肉薄できたりすると僕は思っているんです。

それから、歴史学というのは、たとえてみれば、死体解剖だと僕は思うんですね。すでに死んでしまった過去のもの。けっして生き返らない死体。それを、どういう原因で死んだのか、どういう病気だったのか、解剖して、腑分《ふわ》けして、検死する。それが歴史学だと思うんです。対して、小説のほうは……。

池上　生身《なまみ》ですね。

佐藤　そうです、生身なんです。いま、生きている人たちに伝える文章ですから、やっぱり命が感じられるものでなければいけないと思うんです。命を吹き込みたいんです。ところが、その命っていうものを、歴史学はどうしても処理できない。歴史学という理性の作業の中では、命はむしろ無理にでも排除しなきゃいけない。そこで、自分が感じたことを、感じたまま、自分らしく表現できる方法はなにかって考えて、僕にはやっぱり小説が合ってるんだろうという結論になったんです。

避けて通れぬ関門

池上　もう一つ余計なことをうかがいますが、佐藤さんはそもそもなんで、西洋史学をやろうと考えたんですか。日本史でも東洋史でもなく、ヨーロッパの歴史を選んだ理由は？

佐藤　そうですね。もともと歴史が好きだったので、歴史をやることは決めていたんですが、大学三年のときに専攻を絞らなきゃいけなくなりまして。そのとき、日本史や東洋史は人気があって希望者が多いので、選抜試験があるかもしれないという噂《うわさ》が流れたんです。対して、西洋史は範囲が広くてとっつきにくいから、希望者が少ない。希望すれば試験なしで入れるだろうと。

池上　なるほど。

佐藤　結果的には、選抜試験なんてものはなくて、デマだったんですけど、試験がないほうがいいやということで、西洋史に行ったというのが偽らざるところです。

池上　往々にしてありがちな選択です。では、西洋史の中でも、フランスを選んだのはなぜですか？　ドイツとかローマとか、ほかにも選択肢はあったんじゃないでしょうか。

佐藤　それはですね。第二外国語がフランス語だったからです。

池上　もしかしたらそうおっしゃるかなと思ったんですけど、やっぱりそうなんですか（笑）。

佐藤　やっぱりそうなんです（笑）。

池上　じゃあ、どうして第二外国語にフランス語を取ったんでしょう。フランス語がしゃべれたらモテるかな、とか。

佐藤　たぶんそんな程度です（笑）。

池上　ハイ。じゃ質問を変えまして、経緯はどうあれ西洋史を選択されて、その中でもフランス史を選択されたと。しかし、そのフランス史にも長ーい歴史がありますね。佐藤さんはその中でもいろんな時代を取り上げられているわけですが、とくにこのフランス革命。この壮大なテーマに取り組もうと思われた理由はなんなのでしょうか。

佐藤　ちょっと細かくいいますと、もともと僕はもう少し古い時代、一五世紀とか一六世紀とか、中世から近世に移り変わる時代を主にやっていたんです。ところが、フランス史にとってフランス革命というのは、なんといっても最大の事件なんです。どの時代をやっていても、考えずには済まされない。例えば、フランスという国を作ったのは誰かという問いを設けると、歴代の王たちだと答える立場と、革命だと答える立場があるわけです。前近代のフランス王国は今日的な意味での国じゃなくて、フランス王と貴族と教会が持っていた領地の寄せ集めにすぎないんだと。それをひとつの国、均質な近代国家にまとめたのは、革命なんだと。そういわれて、前近代の研究者たちは、その通りだと頷いて、まるきり別な世界として中世、近世を研究するか、いや、違うと抗《あらが》って、中世あるいは近世に近代そして現代につながる萌芽をみるか、つまり連続説か、断続説か、立場を明確にすることを迫られる。まあ、話を大雑把にしてしまいましたが、いずれにせよ、やっぱりフランス革命が軸なんです。ですから、それが小説であれ、自分がフランスの歴史を舞台として書いていく以上は、いずれ避けて通れぬ関門だろうと思ったんです。

池上 フランス史をやる人間は、見ぬふりしてちゃいけないんですね。

佐藤 ええ。でも、たいへんな事件ですから、すぐには取りかかれない。しかし、ずっと心の片隅に置いていたことは本当なんです。

池上 すぐにはできない。しかし、いずれはやらねばならないと。

佐藤 はい。そんなことで、十何年、機会をうかがっていたんです。ひとつには僕の作家としての技量があります。フランス革命のスケールや手ごわさを考えると、三〇代ではおそらくもてあますだろう。しかし、いざやりはじめたらものすごく体力を使うだろうから、あまり年とってからでもよくないだろう。ということは、四〇代でやるのがいいかなと。ある程度書く技術も伴ってきて、なおかつ体力も残っているという、そういう時期ですね。はじめの構想から大長編になりそうでしたから、試みにデュマ、ユゴー、トルストイといった古《いにしえ》の文豪たちが大長編を書いた年代を調べると、やはり圧倒的に四〇代だった。だったらと、ちょうどそのあたりにさしかかりましたので、一念発起して書きはじめたような次第なんです。

日本人がフランス革命について考えること

佐藤　しかし、そうやって、いつかはぜったいやらねばならぬという使命を自分に課しながら、首をかしげることもありました。

池上　といいますと?

佐藤　なにしろ、フランスという国で起こった、フランス革命という事件なんです。

池上　うん、フランス革命です。

佐藤　つまり、われわれとは縁もゆかりもない国で起こった、二〇〇年以上前の歴史事件でしょう。それを二一世紀の日本の作家が書いてどうしようというんだと。フランス人が自分たちの歴史を書くわけじゃない。日本人がフランス人に向けて書くのでもない。日本人が日本人に向かって書くわけですから、そこにいったいどれほどの意味があるのかと自問しちゃうわけです。

池上　ああ、そういうことか。

佐藤　しかし、また自分なりに思い直すんですね。外国人が外国の歴史に取り組む強みだってあるだろうと。その一番は客観的になれることだろうと。身近なところで言いますと、たとえば、日韓の歴史認識の問題、あるいは中国との歴史認識の問題などがあります。たがいに、ああでもない、こうでもないと言いあって、いつまでも答えが出ない。もし本気で決着をつけようと思ったら、東アジアになんの利害も持っていない、たとえばアフリカの歴史学者などに任せるのが最も公平なのではないかと、僕などは思ってるんです。そうすれば、第三者的立場から、冷静な分析が得られるのではないかと。

池上　部外者だからクールなまなざしで見ることができる。たしかにそのとおりかもしれませんね。

佐藤　そこにこそ、私のようにフランスに対してなんの利害も持たぬ日本人が、フランスの歴史小説を書くことの意味もあると思うんです。たとえば、以前、百年戦争[16]を舞台にした小説を書いたことがあるのですが、百年戦争というのは、フランスの教科書ではフランスが勝利した戦争と記され、イギリスの教科書にはイギリスが勝利した戦争と記され、EUの共通教科書では勝ち負けは記されていないという戦争なんです。そういうテーマこそ、日本人の私がやる意味があるのだろうと。

池上　公平なジャッジとして日本人がやってやろうじゃないかと。腕まくりして。

佐藤　そうなんです。で、部外者だからこそ書く意味がある、と自分を納得させて連載を始めました。そうしたら、意外や意外、それだけでなく、別の意味が出てきた。つまり、日本の現状とフランス革命の状況が……。

池上　似てきちゃったということですね。ここで、さっきのお話とつながりました。フランス革命と日本の状況が似てきた。書きながら、あれあれ、と思っていたら、民主党に政権交代しちゃって、革命もどきの事態になった。要するに、フランス革命への取り組みは、佐藤さんの個人的なテーマというだけにとどまらず、もっと重要な意味が出てきたということですね。

佐藤　そうです。少なくとも僕的には盛り上がりました。僕の興味関心でただやりたいとか、フランス史を扱っている以上は避けて通れぬ関門だとか、そういう個人的な意味だけじゃない。いまの日本にとっては、かなり重なるところの多いテーマなのではないかと。

池上　いまの日本社会に問いかける意味は大きいということですね。私、いつも思うんですけど、歴史小説って遠い昔のできごとを描いているんだけれども、同時に、いまこの現在というものも、強く意識していますよね。逆に言うと、そういう現代的な問題意識があるからこそ、歴史を書けるのかなと。

佐藤　そうですね。民主党の政権交代が起きて以降ずっと、フランス革命と我々日本人の過去と現在をクロスさせて、見つめ続けています。それが書き続ける原動力になっていたりもしています。骨の折れる仕事ですからね。こういう時代でなければ、途中で挫折してしまったかもしれません。

革命史の「前半」「後半」

池上　フランス革命といえば、なんといっても佐藤さんがご専門ですから、ここで佐藤さんが認識していらっしゃるフランス革命の全体像を説明していただけますか。ざっくりしたところでけっこうですので。

佐藤　はい。僕がフランス革命のいちばんの特徴と思っているのは、大きく二つの段階があるということなんです。

池上　前半戦と後半戦があるということですか。

佐藤　はい。そして、その前半戦と後半戦とでは、イメージがかなり大きく違うんです。

池上　イメージですか。

佐藤　そうです。具体的に言うと、前半戦は、王政のシンボルだったバスティーユ牢獄《ろうごく》を襲撃して陥落させた一七八九年七月から、王政を廃止した一七九二年の八月まで。後半戦は、そこから九月には共和政を開始して、王の処刑を断行して、ジャコバン党が恐怖政治を行って、その恐怖政治も一七九四年の「テルミドールのクーデタ[17]」で倒されて、まあ、そのあとは位置づけが難しいところで、革命の付録というか、次の時代への過渡期というか、だらだらと保身政治が続きますが、それに終止符が打たれる一七九九年、最終的にナポレオンが「ブリュメールのクーデタ[18]」で政権を取るまで。大きく言うと、その二つの段階に分かれるのかなと思っています。（＊関連年表）

池上　ちなみに、その二段階には、先にお話しいただいたような、財務大臣が次々に更迭されたり、記録的な大凶作が起こったりした〝革命前夜〟は抜きですよね。

佐藤　とりあえず抜きです。これは胎動期くらいの位置づけで、あくまで革命が勃発したあとからカウントしたいと思っています。で、前半戦と後半戦のイメージのどこが違うのかというと、やや乱暴にいってしまうと、前半戦は明るく、後半戦は暗いんです。転機を探せば、やっぱり王政を廃止して、王様を殺しちゃったところになるでしょうね。

池上　ギロチンで首を落としてしまった。それが後半戦のスタートの合図だったということですね。たしかに、その前後で雰囲気がそうとう変わったでしょうね。

佐藤　ええ、そうとう変わるんです。前半戦はどちらかというと冷静に進んでいた。後半戦はもう、極端なほう、極端なほうと、どんどん突っ走るばかりになっちゃって。これからおいおいお話ししていきますが、フランス革命も前半戦はわりと日本の明治維新に近かったと思います。有名な「人権宣言」はじめ、封建制を廃止したり、身分を否定したり、選挙が導入されたりと、常に前向きで、夢や希望が満ちている。これから新しい国を作るんだ、新しい時代を作るんだぞって、青雲の志のような清々しささえ感じられる。けれど、後半戦はそんな感じじゃないんです。殺伐とした緊迫感しかなくなっている。この革命を守るためなら、手段なんか選んでいられないというような……。

池上 すごいことになっちゃいますね。

佐藤 ええ。独裁と恐怖政治で、すごいことになっちゃう。しかし、ここでもう一言いいますと、僕らがいま一般的に「革命」と思っているものは、主にその、すごいことになっちゃった後半戦のほうのイメージなのではないかと。

池上 つまり、王様も殺して、体制も変えて、ぜんぶひっくり返しちゃったすごい状態のことを、いまのわれわれは革命だと思っているということでしょうか?

佐藤 そうなんです。フランス革命以前の革命——たとえば、イギリスの清教徒革命(一六四二―四九）なんかは、かなり近い雰囲気があります。国王チャールズ一世を処刑して、やはり共和政を始めていますから。けれど、一七世紀という時代もあって、必ずしも民主的な体制を求めたわけではありません。共和政といっても、実質は護国卿クロムウェルの軍事独裁で、最後は議会がいっそ王位に就かれよなんて勧めている。それに「清教徒革命」ですからね。なにが許せなかったといって、チャールズ一世の親カトリック政策が許せなかった。あげくに国王派と、清教徒が中心の議会派で軍事衝突になるわけですから、革命というより内乱、それも一種の宗教戦争だったんです。あとはイギリスの名誉革命（一六八八―八九）とか、あるいはアメリカの独立戦争（一七七五―八三）などをみても、必ずしもフランス革命の一七九二年以降のようなことはやっていません。ところが、フランス革命がフルサイズの革命をやっちゃったから、それ以後の革命は、一七九二年以降の状態までいかなければ革命じゃない、というような認識になってしまったのかなと。

池上　フランス革命によって、革命というもののイメージが変わった。なるほど、そうかもしれませんね。ロシア革命などもそうですね。レーニンの前のケレンスキー内閣[19]なんかも改革のようなことをやったけれど、次のレーニンがあいうすごい革命をやったから、ぜんぶふっとんじゃった。
佐藤　ええ。フランス革命以降は、フランス革命を手本とするがゆえに、とにかく旧体制のトップを殺さなければ革命じゃないみたいに思うようになったんじゃないでしょうか。
池上　ちなみにフランスも、もしあのとき王様を殺さないで前半戦だけで終わっていたら、いまのイギリスみたいな形になっていた可能性もある。大統領制ではなくて、立憲君主政、すなわち君主を残した議会制民主主義になっていたかもしれないですね。
佐藤　そうです。まさにミラボーが目指した新生フランスの姿です。そういう議論は共和政を樹立したあとでもありました。殺されたルイ一六世の息子、王太子ルイ＝シャルルを「ルイ一七世」として立てようとか、親王家のオルレアン家を擁立しようとか、イギリスからヨーク公を迎えようとか。その全てが反革命的だとして、弾圧されていくわけです。

大統領制は王殺しの痕跡《こんせき》

佐藤　フランス以外の欧米の革命の例を少し見ましょうか。たとえば、イギリスの革命というのは、基本的に王政を廃そうとか、政治体制を変えようとか、そういうものではなかったですね。名誉革命は無論のこと、清教徒革命にしても、そうでした。そもそもの始まりが、一六二八年に出して、チャールズ一世に承認させた「権利の請願」でしたからね。これが守られなかったから、怒ったという——。逆に名誉革命のおさまりがよいのは、「権利の章典」が制定されたから。一三世紀のマグナ・カルタ以来の伝統といいますか、王政とか貴族政とかいった古い体制は残しつつ、なおかつ権力者に勝手なことをさせないように譲歩を迫っていく。そういう形の革命が、いってみればイギリス型です。

池上 そうですね。

佐藤 一方、アメリカは新しい国ですから身分制度があったわけではない。しかし、宗主国と植民地という関係で、イギリスとの間に上下関係があって、上部構造であるイギリスが身分制をはらんでいたので、自動的に下部構造であるアメリカもその序列に組み込まれていた。だから、上の部分であるイギリスを切り離した。それがアメリカの独立戦争です。

池上 アメリカの場合はわかりやすい。ある意味、わりと作りやすくもあったかもしれないですね。

佐藤　ええ。空間が重なっていないというのは大きいですよ。これに対して、フランスというのはいちばん難しい選択をしていて、既存の身分制度のようなものはイギリス以上に強くある。加えて、民主主義を実現しようとする意欲はアメリカ以上に強い。そうした新しさと古さが相克したために、あんなはげしい後半戦にもつれこんだのかもしれませんね。これは「もしも」の問題でしかありませんけど、やっぱり他の国の革命にくらべて難しく厳しい状況にあったということが、革命が最後までいってしまった原因の一つとしてあるような気がします。いつ反動が起きて、革命が反故にされるかわからない、そういう強迫観念があり続けたという——。

池上　前半戦だけで改革が終わった国というと、ヨーロッパでは、たとえばベルギーとか、オランダとか、スウェーデンとか。そういう国は王様、女王様が残っています。対して、王様を殺しちゃった国は、それに代わるものを新しく作るしかないから、大統領制になりました。ロシアもそうですね。韓国の場合は日本に責任がありますけれども、李王朝が滅びてしまったので大統領制ができた。

こうしてみると、王様を殺したり、退位させたり、あるいは、アメリカみたいにそもそも新しくできた国は、だいたい大統領制を布いていますね。アメリカでは、一時、ワシントンを国王にしようという案があったらしいですね。王様がいる国から来た人たちなので、トップは王様がいいと思ったんでしょうか。

佐藤 それもあるかもしれません。けれど、あの時代の常識として、王様がいないというのは、むしろ考えにくかったんじゃないでしょうか。

池上 そっちですか。

佐藤 たしかに、当時でも王様がいない国はあったんですけど、それは、イタリアの都市国家とか、スイス連邦を組んでいる小さな領邦とか、規模の小さな国に限るんです。古代ローマ帝国もそうですけど、国民一人一人の顔が見えないような大国の場合は、顔が見えないだけに、強い象徴性が重要になるんです。だから、どちらかというと、ドーンとオーラが出ているような君主が専制的に君臨するほうが、なじみがいい。

小国は共和政、大国は王政

池上　そういえば、佐藤さん、いつか共和政は小国と相性がよいということをおっしゃっていましたね。

佐藤　ええ。要するに、みんなの顔がわかるような小さな国だからこそ、みんなの意図が反映されるんです。アメリカは大国じゃないかとおっしゃる方がいるかもしれませんが、当時のアメリカは、広さとして大きいけれども、人口や規模としては小国でした。

池上　はじめは一三州しかなかったわけですから。

佐藤　だから共和政でもイケるんじゃないかと思ったんじゃないでしょうか。そうでなかったら無理ですよ。

池上　アメリカでは、大統領を選ぶ選挙をいつどうやるかといったことを、ものすごくこと細かに決めているんです。全員が投票に行けるように農閑期にやりましょうということをまず決めて、一一月になった。しかし、彼ら、厳格なプロテスタントですから、日曜日はダメだと。では、ということで、一一月の第一月曜日に決まりかけたんです。ところが、第一月曜日は一一月一日になる可能性がある。一一月一日というのはキリスト教の諸聖人の日だから、これまたダメなんです。そこで、最終的に一一月の第一月曜日の翌日ってことになった。

われわれからするとわけのわからない選挙日ですが、あれは小国の政治の発想だったと考えると腑に落ちますね。小国だから、全員で国の代表を選ぼうという意思が強かったということか。

フランス革命の後半戦小史

池上　では、フランス革命の経過というか結果というか、後半戦に突き進んで、最後どうなったかというところまで、先にざっとうかがっちゃいましょうか。

佐藤　ええ。革命新政権は一七九二年に王政を停止して共和政をスタートさせ、翌年、ルイ一六世をギロチンにかけます。そのあと、現実に即した民主主義をやっていこうとするジロンド派[20]と、あくまでも革命初期の理想に忠実な政治を実現しようというジャコバン派[21]が対立します。

池上　ジャコバン派というと、ロベスピエールの一派ですね。

佐藤　そうです。パリの民衆に支持されていた一派でもありました。このパリというのが、非常に大きな役割を演じていく。個々の顔がわかるような空間であるパリがフランス革命の進路を決めたから、共和政に突き進まざるをえなかったという雰囲気もあります。対するジロンド派は、地方に足場を置いている党派でした。ジロンド県の都ボルドーはじめ、リヨン、マルセイユといったような地方ですね。ジャコバン派の独裁なって後、これらの都市が弾圧を経験した、そこで虐殺さえ行われたというのは、こういう文脈から出てきます。

さておき、われわれ日本人が理解に苦しむことに、フランスは革命を起こしたあと、周囲の国々と戦争を始めちゃうんですね。戦争は一七九二年四月、前半戦のうちに火蓋が切って落とされているんですが、それが大変な状態になるのが、いよいよ後半戦に入るというときなんです。一七九三年にイギリス主導で対仏大同盟というのが作られて、フランスはヨーロッパ中の国々を敵にまわす体《てい》になっちゃうんです。まさに「祖国は危機にあり」ですね。国内は国内で、「ヴァンデの反乱」というんですが、南西フランス一帯で王党派が蜂起したりして、内乱状態になってました。

池上　内憂外患ですね。

佐藤　ええ。フランスでは一七九一年に記念すべき最初の憲法が作られたんですね（一七九一年憲法）。ところが、それは立憲王政を前提にした憲法だったと。共和政の憲法を作ろうということで、あらためて議論が尽くされて、めでたく新しい憲法も制定されます（一七九三年憲法）。ところが、戦争が大変なことになったせいで、この非常時にそんなものにかかわっていられるかって、施行される前に封印されてしまう。

池上　せっかく作ったのに。

佐藤　で、「国民公会」という議会が全権を委ねられることになり、その中の公安委員会が事実上の政府になっていくんです。本来は一委員会に過ぎないんだけれども、そこに集う一二人の議員が独裁政権を掌握している。これが、いわゆるジャコバン派の独裁です。今は非常時なのだからという同じ理屈で、言論などの自由も弾圧します。逆らうものを片端から処罰していく。革命とともに登場したマスコミやメディアなども、ぜんぶ粛清されていく。そうやって粛清、粛清とやっていれば、当然ジャコバン派に対する不満が溜まっていきます。一七九四年七月、テルミドール派[22]と呼ばれる人たちがクーデタを起こして、ロベスピエールは逮捕、処刑されてしまうんです。

池上　もともとは高い理想を持っていた人なのに。

佐藤　ええ、悲しい運命ですよね。ジャコバン派を支持してきたパリの民衆も、このときはロベスピエールを助けませんでした。助けようとはしたのですが、助けられなかった。つまりは力が足りなかったんですね。ロベスピエール自身が弾圧、粛清とやりましたから、さすがのパリも弱くなっていたんです。そうして恐怖政治が倒れたあとは、テルミドール派の政治がだらだらと五年ほど続きます。これといったビジョンや方針があるわけでもなく、デモが起きたら軍隊で鎮圧し、あるいは自分たちが選挙で負けると、またクーデタを起こして多数派をつぶす。その繰り返しをやっていくんです。

このとき反乱鎮圧の汚れ役をやったのが、ナポレオンです。一躍名前を上げた事件からして、「ヴァンデミエールの暴動」でした。一七九五年にパリで起きた王党派の蜂起ですが、市街地に大砲を並べて、容赦なく炸裂弾《さくれつだん》を発射して、民衆をサン・ロック教会前で蹴散らすことで、出世の糸口をつかんだわけです。ナポレオンというのは、もともとそういう役どころだったんですね。

ところが、汚れ役を果たしているうちに人気が出て、イタリア方面軍の総司令官に抜擢されるというチャンスをものにして、どんどん国民的なヒーローになっていく。そうなったら、シェイエス(23)とかタレイラン(24)とかいう、革命の前から潜伏していた老練な政治家が目をつけるわけです。ナポレオンをトップに立てて、新しい政権をスタートさせようとするんです。こうしてナポレオン体制ができて、革命が終わっていく。

プーチンはナポレオン

池上 いま、私はロシア革命と照らし合わせながら聞いていました。

ロシア革命のときも、当初はレーニンによって民主的な政治がめざされたのですが、フランスでもいったん倒された王様の残党が出てきたように、ロシアでも王党派、いわゆる白軍が出てきた。で、革命軍（赤軍）と旧体制の帝政ロシアを支持する人たち（白軍）との間で内戦になったんです。そうすると、周囲の国々がロシアに対して干渉を始めるんですね。日本もシベリア出兵をしましたけれども、ロシアの混乱が自分たちの国に影響したらいやだから、みんなして、つぶしにかかる。

佐藤　フランスの革命戦争も、同じような理由です。特にルイ一六世を処刑してから激化したというのには、諸国の君主たちが自分たちも首を切られたくない、そんな発想を自国の民が持たないよう、みせしめにフランスを懲らしめたいと、そういう事情がありました。

池上　そのようにして戦争になったとき、その国がどういう認識を持つかというと、やっぱり、自分たちはいま〝非常時〟であると思うんですね。そして、非常時だからという理屈でスターリンによる恐怖政治が行われ、GPU《ゲーペーウー》が出てくる。厳密にはチェカーという全ロシア非常委員会の後身ですけど、そういうものができて、徹底的な恐怖政治が行われて、大勢の人が殺される。GPUは、スターリンの死後KGB《カーゲーベー》(25)として存続します。

佐藤　ジャコバン派の独裁と同じですね。

池上　ええ。ところが、やっぱりそれもいきすぎはよくないということで、一九五三年にスターリンが死んだあと、テルミドールのクーデタと同じ状態になります。すなわち、フルシチョフがスターリン批判をやる。これによって、東ヨーロッパの国々は、もう恐怖政治じゃないんだと羽を広げて民主化しようとするんだけど、そうなるとやっぱりフルシチョフがそんなことは許さんと弾圧する。一九五六年のハンガリー動乱[26]などがそれです。

佐藤　たしかに、よく似た状況ですね。

池上　そこで、ナポレオンみたいな汚れ役が必要になるんですけど、ロシアで彼になぞらえられるのは、時代はかなり後になりますけど、役割としては、私はプーチンだと思うんです。

佐藤　プーチンがナポレオンですか。

池上　はい。ソ連がエリツィンの時代に崩壊してロシアになったとき、エリツィンは独立しようとしたチェチェン[27]に大軍を送りました。でも、失敗しましたね。そこで、プーチンを首相にして対策をとらせたんですけど、プーチンは容赦なくチェチェンを弾圧して、ものすごい数の人たちを殺した。そして、一挙にロシア国民の心をつかんだんです。こいつはすごい、断固として強い国の力を示したといって英雄になっちゃった。もちろん、つかんだのは、チェチェン以外の人びとの心ですけれど。佐藤さんのお話をうかがっていて、イメージがつながっちゃいました。

佐藤　きれいに対応しますね。

池上　フランス革命は、自由・平等の民主主義の理想を求めて起こったはずだった。ところが、けっきょくナポレオンみたいな軍事独裁者が出てきてしまう。これは皮肉ですよね。

佐藤　ナポレオンもいちおうは民主的な体制は整えましたけれども、多分にポーズでしたからね。仰るように中身は専制君主でした。その政治スタイルを称して、「能動的な権威と受動的な民主主義」なんていう場合もあります。ナポレオンは下手《へた》に能力も高かったから、ほとんど全ての国務を自分で決裁して、それこそブルボン朝の王たちなんかより、遥かに強権的でしたね。

池上　プーチンもそうですよ。昔に比べれば、ロシアも民主主義になりましたけれども、やはりたいへんな独裁者。反対する人や体制に批判的な報道をするジャーナリストは次々に殺害されていく。革命というのは、時代とか、国とか地域とかで、当然差異はあるんですけど、大きく眺めると、登場人物のイメージが重なってるんですね。不思議に。

やっぱり王様が好き？

佐藤　不思議といえば、ナポレオンの帝政以降のなりゆきも不思議なんです。ナポレオンの体制は一八一四年に実質倒れますけど、そうなったときに、やれやれといって共和政に戻るのかと思ったら、そうじゃなくて「王政復古」。また王様が出てくるんです。

まずは、ルイ一六世の弟、プロヴァンス伯だったルイ一八世という人が王位につくんですけど、この人のときはまだよかった。いけなかったのはその後のシャルル一〇世という人。アルトワ伯と呼ばれていたフランス革命当時から、反動家の親玉みたいな立場だったんですけど、この人が一気に絶対王政を復活させようとして、暗黒時代になっちゃうんです。

そうすると、人びとはすかさず反旗を翻して、一八三〇年に「七月革命」を起こします。このとき出てくるのがオルレアン家のルイ＝フィリップという、やはり王様。〝フランス人民の王〟となって、立憲君主政になります。しかし、それもまただめだということになって、一八四八年に「二月革命」というものが起こって共和政が復活すると。しかし、それも長続きしなくて、またまた第二帝政としてナポレオン三世を担いじゃうと。（＊関連年表）

池上 なんだかんだで、王様みたいなものが好きということかもしれませんね。

佐藤 そうなんです。半世紀以上もかけて、何度も何度も革命、改革をやって政体を作り直し、つまりは紆余曲折期を経ながら、最終的に非常に大統領権限の強い現在のフランスができていくわけです。でも、ふとひるがえって冷静に眺めると、これって、けっきょく、一七八九年から九二年までの間に作ろうとしていたフランスなんじゃないの、という見方もできるんです。

池上 つまり、王様と大統領が入れ替わっただけで？

佐藤 その通りです。国家権力はすごく強い。そのうえで、国民を統合しているだけの民主主義が行われているという。とすると、この間の試行錯誤はいったいなんだったんだということにもなるんですね。

池上 たしかに、ド・ゴール[28]大統領なんて、まるで皇帝ですよね。そのあとのジスカール・デスタン[29]もミッテラン[30]も皇帝風。それは、フランス国民がやっぱり王様のように威厳のあるトップを望んでいるからでしょうね。そういえば、いまのサルコジ大統領は評判があまりよくないですけど、それは、彼が移民の出身で、皇帝風でないからだという見方がありますね。

その傾向は、フランスだけではなくて、アメリカでもいえます。先ほど少しいったように、アメリカはワシントンを国王にせずに大統領にしましたけれど、内実はやっぱり王様的なものを求めていたのではないでしょうか。

佐藤　そう思います。

池上　アメリカ大統領は強いですよね。日本の総理大臣なんか、演説しているとき、ヤジでなにをいっているのか聞こえなかったりしますけど、アメリカ大統領が一般教書演説をしているときに、ヤジなんか飛ばしたらたいへんなことになる。じっさい、過去に一人だけヤジを飛ばした人間がいて、大騒ぎになりました。大統領に向かってヤジを飛ばすとはなにごとかって、あとで謝罪させられた。

佐藤　日本とずいぶん違いますね。

池上　国家元首であると同時に、大統領であり、国民統合の象徴であり、日本でいうところの天皇と総理大臣が一緒になっているような感じですから。

すべての源がそこにある

池上　ここまでのお話を総括して、いい忘れていたことを少しフォローさせていただいていいですか。

佐藤　はい。

池上　佐藤さんの考えでいきますと、フランス革命には二つの段階がある。で、前半戦はわりに穏健に進み、後半は過激に突っ走ったと。そうですよね。私、それ、とても面白いと思うんですが、それにからんで連想することが二つあります。

一つは、いわゆる「革命二段階論」というものなんです。マルクス・レーニン主義から出てきた言葉で、革命というのはまず、「ブルジョワ革命」、すなわち民主主義革命をやるべきで、しかるのちに、「プロレタリア革命」、つまり社会主義革命をやるべきだと。それで理想社会が現出するというものです。佐藤さんはご存じでしょうか、戦前の日本共産党系は、この二段階革命を主張していました。

佐藤 講座派(31)ですね。

池上 そう、講座派です。彼らは日本はまだ封建制が根強いから、まず民主化を徹底すべきで、その後、プロレタリア革命に進むべきだと主張しました。これに対して、非日本共産党系の労農派(32)というのは、日本には封建制の残滓《ざんし》はあるけれども、基本的にブルジョワ社会（資本主義社会）は実現しており、民主化もほぼなされたのだから、一挙に社会主義革命に進んでよいと主張した。論争は双方への弾圧により中断されましたが、戦後もずっと、一段階革命か二段階革命かという議論があったんです。佐藤さんのお話をうかがって、私、革命の二段階の源はフランス革命にあるのかなと思いました。

佐藤 そういえるかもしれません。

池上 それから敷衍《ふえん》してもう一ついえるのは、いわゆる東西冷戦構造。その源もまた、フランス革命にあるのではないか。つまり、フランス革命によって「人権宣言」が出されて、いわゆる啓蒙的な民主主義ができた。これが独立間もないアメリカなどと相互に影響しあって、いわゆるアメリカ型、西側諸国型の民主主義の母体になっていきました。

佐藤　西側自由主義陣営の思想の源といえますね。

池上　一方で、フランス革命の中でもとくにプロレタリアート革命的な部分、要するに平民たちが蜂起して、王様をギロチンにかけて徹底的な改革をやったという側面。そちらは、いわゆるロシア革命などの母体になっていく。マルクスはフランス革命の教訓を生かして、『ブリュメール一八日』(33)なんていう本を出して、どうやったら革命がうまくいくのか研究していますす。ですから、後半戦のほうは、共産主義圏のほうのお手本ですね。

佐藤　東側諸国のほうの思想の源になりますね。フランス革命では逮捕処刑されて終わるバブーフ、あの「平等主義者」なんかも、共産主義の祖とされるわけですからね。

池上　ですから、フランス革命というものには、すべての革命の根源が存在するのではないかと。そういうふうに思ったんです。

佐藤　池上さんにまとめていただいたように、東と西と、どちらのイデオロギーも、母体はフランス革命にあるということになりそうですね。

池上　ええ。知れば知るほど興味深い歴史事件です。

第二章　「半分」だった明治維新

ロベスピエールの銅像が一体もない

池上　以前、佐藤さんからうかがったことで、面白かったので記憶に残っていることがあるんです。それは、フランス人のトラウマの話。フランスの民衆にとっては、フランス革命というのはたいへんな誇りなんだけれども、一方で、ルイ王朝のあの絢爛《けんらん》豪華な文化も、やっぱりたいへんな誇りである。すると革命のとき王様を殺しちゃったことが、いわくいいがたい後ろめたさとなって、いまも非常にアンビバレントな思いとして、心の中にわだかまっているのだと。

佐藤　そうなんです。たとえば、革命記念日の七月一四日などは、いまも巴里祭《パリさい》が祝われますし、いい季節ですから、ずいぶん外国から旅行者がやってくるんですね。そういう人たちは、せっかく来たんだから、なるたけいろいろなものを見ようと頑張る。フランスに来たからにはルーヴル美術館へ行かなくちゃとか、フランスといえば、やっぱりヴェルサイユ宮殿でしょうとか。けれども、それらは革命で排除した王様の史跡だから、七月一四日に訪れるにはおよそふさわしくないんです。

池上　そうですね。バスティーユならぴったりですけど。

佐藤　ええ。パリのレストランというのも、革命で失業したヴェルサイユの宮廷料理人たちが仕方なく始めたものだといわれています。美食巡りもふさわしいことになりますが、いずれにせよ、そういうことは観光客は気にしないんです。けれど、フランス人はやっぱり気にする。だからといって、どちらか一方を選ぶこともできない。革命も、王家の伝統文化も、両方だいじなんです。

池上　なるほど、アンビバレントですね。

佐藤　じつは、いまでもフランスでは、革命そのものを描いた小説や映画は意外に少ないんです。革命の時代を背景とした作品はあるんですけど。

フランスに行かれたことのある方はご存じかもしれませんが、あちこちに歴史上の人物の銅像が立っています。でも、ロベスピエールの像は、一つもないらしいんです。ロベスピエールという人物は悪名もあるけれど、普通選挙の実現に尽力していたり、社会福祉に関する先駆的な思想を持っていたり、植民地の奴隷制度の廃止を主張したりもしていて、歴史上の功績は決して小さなものではない。けれど、王家にしてみれば、ルイ一六世を断頭台送りにした仇敵《きゅうてき》みたいな人でしょう? 恐怖政治も布いて、何千人という人間を断頭台に送りましたから、民衆にとっても恨みの対象になる。ならば否定するかというと、フランス革命がロベスピエール抜きでは語れないものであるかぎり、ロベスピエールの否定はフランス革命の否定だったりもしてしまう。ということで、どう扱ってよいやらわからないんです。そのくらい、フランス国民にとって革命のトラウマは深いんです。

池上 向きあい方が難しいですね。国民だって、王様の首がちょん斬られたとき、歓喜の声をあげたわけでしょう。いまさらどの面《つら》さげて王家の歴史を誇るのかと。

佐藤 そうなんです。

とっても平等なギロチン

池上 そういえば、王様をギロチンにかけた「革命広場」というのがありますね。

佐藤 あります。いまの名称でいうと、「コンコルド広場」。あそこなどは、まさに象徴的な場所ですね。

池上　断頭台の露に消えたなんていいますけれど、いまはそういうイメージは払拭《ふっしょく》されてますでしょう？

佐藤　払拭されています。最初は「ルイ一五世広場」だったんです。処刑されたルイ一六世のお祖父《じい》さんですけれど、その銅像が置いてあって、つまりは故王を顕彰する広場だったんです。ところが、それが民衆の手によって倒されてしまったと。一七九二年の八月一〇日、王政を廃止した日です。それから「革命広場」と名前を変えて、ルイ一六世の処刑が決まったときに、そこで執行することにしたんです。それから後に恐怖政治が続きますが、みなあそこで首をはねられました。

池上　もともとは処刑場でもなんでもなかったんですよね？

佐藤　もちろん。それまでは、セーヌ河右岸の市役所の前、グレーヴ広場というところで行われていました。

池上　それが場所を変えたのは？

佐藤　狭いからです。王様の処刑をみんなが見たがったんです。狭くて見られないから、もっと広いところでやれって。

池上　まるで娯楽ですね。ギロチンというのはフランス革命のときの発明ですよね？

佐藤　そうです。ギヨタンという医師が議会に採用を働きかけたので、ギヨティーヌと名づけられました。

池上　それを英語読みしてギロチン。

佐藤　ええ。じつは、フランス革命以前は、身分によって処刑の仕方が違っていたんです。身分のある人は斧《おの》で首を斬られていた。

池上　それもいやだけれども。

佐藤　平民は絞首だったんです。

池上　え、平民は絞首？　違いはなんなんです？

佐藤　手間のかけ方が違うんです。そもそも平民はなぜ絞首刑だったかというと、簡単だからなんです。技術がいらない。しかし、首を斬るのは技術が必要で、プロがやらないと無理なんです。しかし、それは不公平だ、新しい市民原理に反する、これからは死刑の方法も平等にしようと。じゃあということで、ギロチンが開発されたんです。

池上　すごい理屈だ。たしかに、首斬るのって難しいんですよね。でも、ギロチンなら、わざわざプロをつけなくてもオートマチックにできる。

佐藤　オートマチックに、平等に、どんな身分の人でもちゃんと殺す。しかも、死ぬのは一瞬で、首が冷やっとしたと思ったらもう死んでいるので、ひどく人道的なんだという理由だったようです。

池上　とっても平等で、とっても過激です。

佐藤　もともとフランスにはパリのサンソン家(34)をはじめ、各地に世襲の処刑人一族がいたんですが、ギロチンが登場したために仕事がなくなっちゃった。はじめはギロチンの操作を任されたんですが、そんなものに一家相伝の技術はいりませんからね。

池上　で、その革命広場がさらに「コンコルド広場」になったのは、どういう経緯ですか。

佐藤　ナポレオンです。ナポレオンが登場して、革命戦争を終わらせたときに。

池上　例の〝後半戦〟の後ですね。

佐藤　そうです。一七九九年にブリュメールのクーデタで政権を取って、国の内側も外側もめちゃくちゃになっていたのをまとめたあと、まあまあなんとかやっていけるようにしましょうということで、ローマ教皇と和解するんです。後で触れると思いますが、革命のときにフランスは、カトリックの排撃なんかもやったんです。それでローマと険悪になっていたので、仲直りのための儀式をやったんです。一八〇一年だったかな。それを記念して、革命広場も「コンコルド広場」と名を改めて、あたかも革命などなかったようにしてしまった。コンコルドっていうのは、この場合は「宗教協約」なんて訳されたりしますが、仏英合作の飛行機もコンコルドでしたよね。もともとは和解、協調、和合といった意味です。

池上　イギリスとフランスが共同開発した超音速機の名前ですね。ちなみに、ナポレオンとローマ教皇との話、有名な絵がありましたね。どこかで見た記憶があります。

佐藤　ルーヴル美術館じゃないですか。ダヴィッド(35)の「ナポレオンの戴冠式」。

池上　ええ、そうです。ルーヴルでした。

佐藤　パリのノートルダム大聖堂でローマ教皇から冠をいただくという、いわばカトリックの儀式なんですけど、ナポレオンは教皇からもらわないで、自分の手で頭に載せるんです。そして、すぐに皇后ジョゼフィーヌにも戴冠させる。これまた教皇の手を借りず、自分で妻の頭に載せてやるんです。冠はもらうけれども、教皇からもらうんじゃないってことを象徴的に見せつけたのが、あの絵なんです。

池上　それを知ってから見ればよかった。たしか、脇《わき》っちょのあたりに教皇がいる絵でしたね。

佐藤　そうです。チッみたいなすごく嫌な顔をしています（笑）。

池上　ちなみに、佐藤さん、フランス革命全体で何人ぐらい処刑されたんでしょうか。

佐藤　パリのギロチンだけで三〇〇〇人ぐらいです。地方の処刑、弾圧とか私刑の犠牲者まで含めると、五万人前後になると推計されています。ところが、これに「ヴァンデの反乱」、つまり内乱の犠牲者が加わるんですね。革命政府に反旗を翻した地方では、みせしめのために容赦なく殺されますから、この数がすごい。最も少ない推計で一〇万人、最も多い推計では、実に六〇万人とされています。

池上　そうとういきましたね。しかし、フランスだけじゃない。中国だって革命が起きて、中華人民共和国が成立したのち、全国の大地主たちを万の単位で処刑しましたものね。往々にしてそういうふうになるんですねえ。

明治維新とフランス革命の共通点

佐藤　そこでひるがえって考えると、日本の革命というのは、ずいぶんイメージが違うと思いませんか。たとえば、日本人が自分たちの革命、改革といったときに、まずいちばんに思いつくのはなんでしょう。

池上　まずは、明治維新ですね。二〇一〇年のNHKの大河ドラマは坂本龍馬でしたけど、彼などは、歴史上の人物の人気ナンバー・ワンじゃないでしょうか。ワンまでいかなくても、一、二位を争う。

佐藤　そうなんです。フランス人と違って、日本人は明治維新に別段なんのトラウマも抱いてませんからね。志あり、理想ありで国難に立ち向かい、新しい時代を開いた、そういうヒーローたちにわれわれはただ喝采を送っているだけです。

池上　ロベスピエールに対するようなアンビバレントな感情は見受けられませんね。

佐藤　でも、矛盾することを言うようですけど、フランス革命と明治維新は似ているところも多いんです。それこそ、あるところまでは双子のように。

池上 お。どういうところが。

佐藤 そのあたりを、ちょっとお話ししませんか。

池上 面白そう。

ヴェルサイユの参勤交代

佐藤 まずですね。革命以前のフランスって「絶対王政」だったとよく言われるじゃないですか。ところが、実際は必ずしも〝絶対〟じゃなかったんです。

池上 ほう。

佐藤 絶対王政というと、王様がなんでも好きなようにやれる国家だったと思ってしまいます。ルイ一四世の「朕は国家なり」なんて言葉は有名ですよね。ところが、あくまで理想を謳ったもので、「国家なり」というより、「国家になりたい」だったんです。現実のフランスにはいろんな中間団体があって、そうそう簡単には国を動かせなかったんです。

この中間団体、社団というような言い方をすることもありますが、いってみれば王という頂点の国家権力と、国民、この場合は臣民といったほうがいいのか、とにかく末端の人民との間に挟まって、なにかと幅を利かせようとする政治権力のことです。貴族なんかも、そうですね。領主貴族なんかは、裁判権も持っていました。これが一審の位置づけだったんですね。ここで決着がつかないとき、はじめてフランス王の司法機関に持ちこまれたんです。つまり上告されないと、王は人民に司法の手を伸ばすことができなかったと。

地方の行政なんかも、今の県のような均質な単位が、全土に置かれていたわけではありませんでした。あるところはバイイ代官区、あるところはセネシャル代官区で、それを州にまとめるときも、王が自由に切り貼りしたりはできなかったと。たとえばワインで有名なブルゴーニュ州というのがありますね。あれは昔、ブルゴーニュ公という人が治めていた領国の残滓なんです。その隣にシャンパンで有名なシャンパーニュ州がある。あれはシャンパーニュ伯という人が治めていた土地の残滓ですね。こういう土地の人たちは、自分たちのことをフランス人であるよりもブルゴーニュ人とかシャンパーニュ人とか思っていて、機会を見ては独立運動を起こしたりしました。ブルターニュ州なんか、今もそうですよね。文化的、慣習的なアイデンティティが違うということですが、絶対王政のフランスでは文化、慣習に留まらない実力行使でした。州三部会という政治団体を持っている州があって、州内の自治体から選出された議員たちが集まって合議するわけですが、これが州を自主経営していこうとするわけです。税金を払うときも、王の徴税役人を入れない。税額からして、州三部会は多いとか少ないとか、まあ、少ないとはいわないでしょうが、とにかく王に文句をいう。総額が決まれば、それを州内で自分たちが集めてまわり、一括して王に払うというやり方です。なかでなにがやられているのか、王としては皆目わからないわけです。フランスという国の内にいくつもそういう塊があったので、王は絶対権者というよりも、むしろ各地域、各団体の利害の調停者という意味合いが強かったんです。

池上　なるほど。われわれが思うほどには、きれいにまとまった統一国家ではなかった。

佐藤　ええ。ですから、統一というなら、王が全体に緩やかに網をかけることができたという程度の統一。江戸時代の日本なんかも、各地に藩という自立的な単位があって、徳川将軍という国家権力が直接支配しているわけではありませんでしたよね。そこが似ている。革命と維新が似ている以前に、絶対王政と幕藩体制が似ているわけです。「絶対」なんて高飛車な言葉は使わないけれど、かえって幕府のほうが強かったくらいです。大名の改易なんか、問答無用でやっていますからね。フランスでは考えられない。州三部会に手をつけられないどころか、自分の官僚さえ自由にクビにできませんでしたからね。

絶対王政の官僚というのは、大半がオフィシエと呼ばれる保有官僚でした。官職のことをオフィスといって、それを持つものという意味ですけれど、これ、「就く」じゃなく、あくまでも「持つ」だったんです。株みたいなものといえば、わかりやすいでしょうか。配当金じゃなくて、給料が支払われ続ける株。裁判官とか、行政官とかのポストが、一種の財産になっていたんです。金で買えるものなので、それを売ることもできるし、売らずに子供に相続させることもできる。つまり公職が私物化されている状態で、きちんと仕事をしてくれるか覚束ないんだけど、これを王はどうすることもできない。誰かをクビにしたいと思えば、その官職を王自身が買い取らなければなりませんからね。ひとつやふたつは買い取れても、全部を買い取ることはできない。官僚制度改革なんて、とてもじゃないが無理なわけです。

そんなこんなで、フランス王というのは、なんとも弱い国家権力だったんです。そこで注目されるのは、あの華やかな王朝文化です。当時のフランスは、なぜヴェルサイユをあれほど派手にしなきゃいけなかったのか。それは要するに諸侯や貴族をヴェルサイユに引き寄せたかったからなんですね。ある種の洗脳というか、文化政策だったんです。

池上　漫画のベルばら（『ベルサイユのばら』）もそうとう派手ですが。

佐藤　現実のヴェルサイユも派手でした。

池上　正しいんだ（笑）。

佐藤　なぜ派手にしたかというと、王がいちばん嫌なのは、実力のある人間に地方にこもられて、武器を蓄えられたりすることなんです。だから、価値観の転換を図ろうとした。郎党を率いて、地方を堅固に治めているような人じゃなくて、ヴェルサイユにいて、華やかな社交界で洒落た会話を交わせるような人が偉い。最新兵器で身辺を固めるより、最新流行を身にまとうほうが偉い。なんとか伯領を落とすんじゃなくて、なんとか伯爵夫人を落とすほうが偉い。と、こんな感じに操作して、国中の貴族たちをヴェルサイユに惹きつける。来ない連中のことは「田舎侍」みたいにして笑う。馬鹿にされたくないと、こぞってヴェルサイユを目指すようになれば、危ない連中を一箇所に集めておけるわけですからね。これはフランス王には、しめたものです。

池上　参勤交代みたいですね。領民を地方に残して、領主と領主の奥方は首都に住むという。ある種の人質政策ですね。

佐藤　ええ、それがヴェルサイユの意味だったと思います。宮廷貴族たちは無理をして、借金してまで着飾ったといいますから、反乱を起こす財力など残らないよう、あらかじめ散財させておくという意味でも、参勤交代そっくりです。

なんだか皮肉な話ですよね。フランスといえば文化大国のイメージが強いと思いますが、文化大国にならないとやっていけなかったと、やむにやまれぬ事情があったわけです。あの華やかさというのは、政治の弱さの裏返しなんです。そういう国ですから、当然だんだん行きづまっていく。財政的にも苦しくなっていくのは、自然ななりゆきだったんです。

池上　絶対王政は、弱い国だったということですね。面白い。

佐藤　さっき言いましたように、古くからの特権をもって、地方を支配してきたような人たちからお金を取ろうとしても、なかなか取れません。既得権というのは往々にしてそうで、持てる人は容易に手放そうとしない。だから文化政策に訴えるしかなくて、王は宮廷

■集英社出版企画の資料にさせていただきますので、下記の設問にお答えください。それ以外の目的で利用することはありません。ご協力をお願い致します。

●お買い上げの本のタイトルをお書きください。

■この本を何でお知りになりましたか？（いくつでも○をおつけください）
1.新聞広告（新聞名　　　　　　　　）　2.雑誌広告（雑誌名　　　　　　　　）
3.新聞・雑誌の紹介記事で（新聞または雑誌名　　　　　　　　）
4.本に挟み込みのチラシで（書名　　　　　　　　）
5.集英社新書のホームページで　6.メール配信で　7.友人から　8.書店で見て
9.テレビで（番組名　　　　　　　　）　10.ラジオで（番組名　　　　　　　　）
11.その他（　　　　　　　　）

■本書の購入を決めた動機は何でしたか？（いくつでも○をおつけください）
1.書名にひかれたから　2.執筆者が好きだから　3.オビにひかれて
4.本書のカバー、内容紹介を見て興味を持ったから　5.目次を見て興味を持ったから
6.前書き（後書き）を読んで面白かったから　7.その他（　　　　　　　　）

■最近お買い求めになった新書のタイトルを教えてください。

■あなたが今、関心のあるジャンル、テーマをお教えください。
（ジャンルの記号ならびにカッコ内のテーマに○をおつけください）
A.政治・経済（政治、経済、世界情勢、産業、法律）　**B.社会**（社会、環境、地球、ジャーナリズム、風俗、情報、仕事、女性）　**C.哲学・思想**（宗教、哲学、思想、言語、心理、文化論、ライフスタイル、人生論）　**D.歴史・地理**（世界史、日本史、民俗学、考古学、地理）　**E.教育・心理**（教育、育児、語学、心理）　**F.文芸・芸術**（文学、芸術、映画、随筆、紀行、音楽）　**G.科学**（科学、技術、ネイチャー、建築）　**H.ホビー・スポーツ**（ホビー、衣、食、住、ペット、芸能、スポーツ、旅）　**I.医療・健康**（医療、福祉、医学、薬学）　**J.その他**（　　　　　　　　）

■定期購読新聞・雑誌は何ですか？
新聞（　　　　　　　　）　雑誌（　　　　　　　　）

■本書の読後感をお聞かせください。
1.面白い（YES・NO）　2.わかりやすい（YES・NO）　3.読みやすい（YES・NO）

ご住所〒 都道 府県	TEL
お名前（ふりがな）	年齢　　歳 □男　□女
ご職業　1.学生〔中学・高校生、大学生、大学院生、専門学校生、その他〕 2.会社員 3.公務員 4.団体職員　5.教師・教育関係者　6.自営業　7.医師・医療関係者　8.自由業　9.主婦 10.フリーター（アルバイト）　11.無職　12.その他（　　　　）	

郵便はがき

料金受取人払郵便

神田支店承認

9540

差出有効期間
2011年12月
31日まで
（切手不要）

101-8051

050

神田支店郵便
私書箱4号
集英社
愛読者カード係行

『集英社新書』

■この本をお読みになってのご意見・ご感想をお書きください。

※あなたのご意見・ご感想を本書の新聞・雑誌広告・集英社のホームページ等で
1.掲載してもよい　2.掲載しては困る　3.匿名ならよい（新聞・雑誌に掲載の方には粗品を進呈。）

を派手にする。対外的に見栄も張らなきゃいけない。戦争もしなきゃいけない。で、お金を使う。お金は使わなければならないけれど、国は自分の自由にならない。これはもう、破綻するのは時間の問題ですよ。

少なくとも強くはない。いろんな団体のうえに立って、宮廷文化の光で目眩《めくら》ませしながら、うまくバランスをとっていただけ。絶対王政というのは、その程度なんだというのが、もう通説になっています。で、フランス人の研究者たちがいうのが、我が国のブルボン絶対王政に比較できるのは「ル・ショーグナ・ジャポネ・ドゥ・レポック・トクガワ」、徳川時代の日本の将軍制とでも訳しますか、とにかく日本の江戸時代なんだと。

池上　なるほど。幕藩体制に近いですね。そうか、だから江戸にもあれだけの文化が花咲いたんだ。明治維新とフランス革命が似ているとおっしゃった意味が見えてきました。

佐藤　そうなんです。どちらも破綻する運命にあったんですけど、フランスの場合は宮廷は派手だし、外国とも休みなしに戦っていたし、そのくせ国内でも弱かったから、それが早く来た。日本の場合は鎖国していたので、アメリカの黒船が来るまで遅れた。けれど、どちらも時間の問題だったと思います。つまり、いずれは近代国家にならなければならないという。それをやったのがフランスでは革命、日本では維新なわけです。フランス革命と明治維新って、遠いようにみえるけれども位置づけとしてはパラレルなんです。

二分の一でよかった？

池上　革命の担い手としてはどうなんでしょう。フランス革命と明治維新のそれぞれの主体は？

佐藤　それもわりと近いですね。フランスの革命の場合、最初に行動を起こしたのは、開明派と呼ばれている貴族です。それに市民が続きました。この場合の市民というのは新興貴族というに近い富裕な人たち、いわゆるブルジョワ[36]で、半分貴族と一体化していたような人たちです。ところが、革命前夜、「全国三部会」という議会が召集されまして、その議員が聖職者、貴族、平民と三つの身分に分けられていたんですが、その分類方法が古いシステムによっていたので、上層ブルジョワは貴族のクラスに入れず、第三身分と呼ばれていた平民のクラスに回されたんです。その不満のために、革命が起こったのだという説があるくらいです。

池上 なるほど。日本のほうも、維新の担い手になったのは、平民ではなく、武士でした。下級ではあったけれども、武士階級であったことは間違いない。

佐藤 そうですね。両方とも政治の中枢にいた人たちではないけれども、庶民でもない。いってみれば特権階級の端っこにいた人たち。

池上 うん。そのあたりも共通性がある。

佐藤 そして、両方とも革命を起こして、初めにやったことはなにかといったら、憲法を作ることでした。そして君主政は維持しながら、憲法によって民主的な政治を運営できる形にした。立憲君主政ですね。フランスも最初から共和政をめざしていたわけではなくて、最初に着地点として想定したのは、あくまで立憲君主政だったんです。

池上 日本の場合は君主政を維持したというより、天皇という王様をもう一回担ぎ出してきたんですけどね。

佐藤 ええ、そうですね。それからもう一つは、さきほども言いましたけど、国内の中間団体、つまり、諸侯の領国なんかを前身とする州をすべて整理しました。フランスでは新たに県を置くことにして、八三県の区割りをやりなおしたんです。ほぼ人口規模が同じになるように、それこそ機械的に八三に分けました。

池上　廃藩置県ですね。

佐藤　そのとおりです。日本の場合も、それまでの藩というものを捨てて、とにかく一回全部整理した。たしか初めは三府三〇二県だったかと思います。

池上　いまでも旧の行政区分や旧の藩意識とかが残っているところ、ありますよね。岩手県の中でも旧南部領と旧伊達《だて》領とか。あるいは静岡県の中でも遠江《とおとうみ》と駿河《するが》とか。南北で対立したり、東西で分裂したり。

佐藤　そこがブルゴーニュがブルゴーニュ、シャンパーニュがシャンパーニュであり続けているのと同じなんです。今もブルゴーニュワインといって、ソーヌ＝エ＝ロワール県ワインとはいいませんからね。それから、フランスと日本がともにやった改革として、身分をなくしたことがあります。フランス革命では、貴族とか平民とかに分かれていた身分を廃止しました。日本でも、基本的には士農工商が全部平民になりました。厳密には、旧公《く》卿《ぎょう》と旧藩主、それに国家に功労があった者を華族と呼んだりして、多少残りましたけど。

あとは度量衡の統一ですね。メートル法というのは、フランス革命で制定されたものです。

池上　つまり、国中のいろんな整理統合を、フランス革命も日本の維新もかなり似た形でやったわけですね。

佐藤　そうなんです。しかし、ここで注意したいのは、先に言ったフランス革命の二段階の話なんです。フランスのほうは、そこまでのことを、前半戦である一七九二年までに全部やったんです。その段階までが日本の明治維新と似ているんです。

池上　そうか。彼らにはまだそこから先があるんだ。それからさらに二倍のことをやっちゃったんだ。

佐藤　ええ。日本の明治維新がそこで終わったんだったら、フランス革命だってそこで終わってもよかったんです。当時の常識では君主政でないと国は治まらないとされていたんですから、立憲君主政でもよかったんです。ぜったいに共和政にしなきゃいけないという必然性はなかった。王様はあくまでも国家の権威の一つとして存在するのであって、勝手なことはできないと法律で決めたんです。だから、そこまででも十分だったじゃないですか。国としての権力を発動しやすいように、行政のしくみも整理した。だいたいの目標は果たした。にもかかわらず、当時のフランス人はこの程度じゃダメだといって、もっと先にいってしまったんですね。で、そこまでいくのを革命というのならば、日本の維新は二分の一ということになる。

池上 そういうことですね。でも、二分の一だからよかったともいえるんじゃないですか。どうなんだろう。

佐藤 ほんとうに、そこが最大のポイントです。

池上 日本のほうがリーズナブルで、フランスのほうがやりすぎだった、という言い方もできるわけでしょう。日本も残り二分の一をやっていたら、大混乱になって収拾がつかなくなっていた可能性がありますよ。

佐藤 そうなんです。たとえば最後の将軍、徳川慶喜を処刑したりなんかしていたら、あるいは担ぎ出した天皇をどこかの段階で廃位してしまっていたら、だいぶ雰囲気が違ってしまったでしょうね。おそらく今日のように小説に書かれ、テレビドラマになり、映画になり、歴史研究者も数えきれないくらいいて、ということにはなっていなかったと思います。フランス人みたいに、どう向き合っていいのかわからないという、ひどいトラウマに陥っていたんじゃないでしょうか。

王様が逃げちゃった！

池上　では、そこまででもよかったのに、フランス革命はなぜ前半戦だけで終わらなかったんでしょう。なぜ後半戦になだれこんじゃったんでしょう。

佐藤　フランス革命って、大きく見れば歴史の必然によって引き起こされたんですけど、想定外の事態とか偶然とかがかなり重なって、ああいう展開になってしまった側面が大きいんです。さっきも言いましたけど、前半戦のところでは立憲君主政でまとめようとしていて、じっさい、かなり完成度の高い新体制ができかけていた。「人権宣言」という人類の理想みたいな宣言を出して、「一七九一年憲法」といわれるなかなかいい憲法もできた。あとはそれを王様に認めてもらって、選挙をやって、新しい議会を開催して、体制完成まであと一歩というところまでいったんです。

池上　なのに、コケた。原因はなんです？

佐藤　いちばん大きかったのは、ルイ一六世がオーストリアに逃げ出そうとして捕まっちゃったことだと思います。一七九一年の六月にマリー・アントワネットと子供たちと一緒に、逃亡したんです。北東フランスの小村ヴァレンヌというところで捕まって、パリに引き戻されてしまったので「ヴァレンヌ事件」というんですけど。

どうして逃げたのかというと、これは諸説あって難しいところです。ミラボーという国王の地位を守ろうとした有力政治家が急死したため、見通しが立たなくなって絶望したのだとか。オーストリアに逃げて、義理の兄、つまりは王妃マリー・アントワネットの実兄の皇帝に援助を求めようとしたとか。それまでのフランスの王様はさんざん優雅な生活をしていましたから、バスティーユ以降、超ストレスの日々が二年も続いて、単純に嫌になっちゃったのかもしれません。

ちなみに、ときどき誤解されることなんですが、一七八九年に革命が起きてからも、王は必ずしも国民に不人気ではなかったんです。悪いのは側近だとかいって、王そのものはわりに支持されていた。ところが、この事件で一気に評価が落ちたんです。王はフランスを捨てた、外国に売ろうとした、しかも、王妃の祖国のオーストリアに売ろうとしたといわれて。

池上 民衆を激怒させた。

佐藤 新政権も大慌てになりました。なぜなら、さっきもいいましたけど、すばらしい体制ができるまであと一歩というときだったので。

池上 なんでいま逃げるんだよ、おとなしくしててくれりゃいいのに、ですよね。間の悪い王様だ。

佐藤 ほんとに。ですから、そのとき政権を主導していたフイヤン派(37)という立憲王政派は、王は逃げたんじゃなくて、誘拐されたんだというような捏造《ねつぞう》ストーリーを作り、ものすごく苦しい言い訳をしながら、なんとか終わらせようとした。そしたら、今度は王のほうが妙に強気になっちゃって、革命、革命というけれども、なんだ、オレのことは誰も罰せられないじゃないかって、憲法で認められた拒否権などをばんばん行使しはじめたんです。すると、今度はそんな王はいらない、そんな王を守るような政権もいらないという声が高まって……。どんどん思わぬ方向にエスカレートしていったんです。九一年に「シャン・ドゥ・マルスの虐殺」が起きるんですが、要は王を廃位させるための署名運動をフイヤン派が弾圧したという事件です。これで現政権に覚える反感が決定的になってしまう。

池上　そして、とうとう臨界を超えちゃうんですね。

佐藤　ええ。超えちゃった。そのターニング・ポイントが一七九二年の八月だったわけです。それは担い手の転換でもあって、先に池上さんが、改革と革命の違いは、行動の主体が変わることだとおっしゃいましたけど、まさに主体が変わった。

それまでの主体は貴族であったり、上級の市民、すなわちブルジョワだったりしたんですけど、九二年以降はまったくの平民、サン・キュロットと呼ばれた貧困層なんかが、事態のカギを握るようになりました。また、それまでは革命の方針なども議会の議論で決まっていたのに、それ以降は議会に圧力をかける民衆、とりわけパリ市民との関係性で決まっていくようになったんです。

池上　ということは、もし、あのとき、あのタイミングで王様が逃げ出していなかったら、フランス革命は後半戦に突入しなかったかもしれない。あるいは、かなり違う展開になっていた可能性もあるんですか。

佐藤　そうなんです。イギリス型、あるいは明治維新型で終わっていた可能性は、まさしく大でしょうね。ジャコバン派の独裁なんかもなかったかもしれない。独裁政治を予言したのがミラボーですが、この豪腕政治家なんか、まさしく議員の横暴を制するために王家の威信を保たなければならないんだと、そういう考え方でしたからね。

火山が噴火し、革命が爆発した

池上 ちょっと話がそれてしまうかもしれませんが、偶然がフランス革命を動かしたという意味では、究極ともいえる突発要因が、もう一つありますね。

佐藤 なんでしょうか。

池上 火山の噴火です。

佐藤 あ、最近いわれている説ですね。

池上 さきほど佐藤さんもちょっとおっしゃっていましたけど、フランス革命を引き起こした直接的な引き金は、一七八八年の凶作です。民衆は食べるものがまったくなくなって、パンをよこせという大暴動が起こった。

佐藤　その凶作の原因が、火山の噴火だったと。

池上　はい。一七八三年にアイスランドのラキ火山という火山が噴火しまして、ほぼ同時に、そこからちょっと離れたところにあるグリームスヴォトン火山というのも噴火したんです。相当に大きな噴火だったらしいです。結局、八三年から八五年までずっと噴火が続いて、これによってエアロゾルという硫黄酸化物の細かい粒子が吹きあげられて、ヨーロッパ中が霧のようなものに覆われた。呼吸困難で大勢の人が死んだともいわれています。これが原因で一七八四年から冷害が始まり、とりわけ八八年が大凶作になった。エアロゾルの霧が上空を覆って、太陽光線が地上まで届かなくなって、寒冷化したんです。

佐藤　同じころ、日本でも噴火がありましたね。

池上　そうなんです。同じ一七八三年（天明三年）に日本の浅間山も噴火してましして、その影響で「天明の大飢饉《ききん》」が起こりました。つまり、当時、日本の浅間山とアイスランドの火山の噴煙の相乗効果で、北半球全体の上空が硫黄酸化物に覆われたんです。フランスの凶作も日本の凶作も噴火のせいだったというのは、火山学者などの間ではすでに定説になっているようです。

ちなみに、近い事例で言いますと、細川護熙《もりひろ》内閣の一九九三年に米不足が起きましたね。タイ米を輸入することになって大騒ぎになった。あれは九一年のフィリピンのピナツボ火山の噴火が主な原因だったんです。あのとき、夕焼けが紫色みたいな異常な色になる日が続いたのですが、火山ガスの影響だったんです。そして、地上への日射量が減って、たいへんな不作になった。当時の日本は、米の維持管理にお金がかかりすぎるといって備蓄米を減らしていたところだったので、なおさら深刻な米不足になっちゃったんです。

佐藤　覚えてます。貧乏学生だったんで、安いタイ米にはずいぶん助けられました。

池上　気候の変化とか、天変地異などによって歴史が動く。「歴史気候学」というのでしょうか？　最近、そういうジャンルがあるそうですね。

佐藤　あります。長野県の諏訪神社、あそこには諏訪湖の氷の厚さを記録したものが、何百年分とあるらしいんですが、これ、何百年分もの気温変化がわかるから、世界的にも貴重な記録とされているようです。まあ、余談にすぎませんが、とにかく最近では、歴史は単に人間の社会だけをみて理解できるものではないと、かなりいわれるようになりました。歴史には人智の及ばぬ要因がある。フランス革命などはその最たる事例ですね。たとえば、噴火が起こって飢饉が起こって、革命が起こった。やがてジャコバン派の独裁状態になって、恐怖政治が行われましたが、その指導者のロベスピエールもやがて失脚します。一七九四年のテルミドールのクーデタで逮捕されるんですけれども、あの日、パリは雨だったんです。雨が降ったので、ロベスピエールの味方をしていたパリ市民は、雨だからうちに帰ろうって帰っちゃったんですね。

池上　えーっ！　そんな原因ですか？

佐藤　そういう側面は大いにあるんです。もし、あのとき晴れていたら、クーデタ勢力は、ロベスピエールを捕まえられなかったかもしれない。

池上　それもまた、不測の事態ですね。

佐藤　ええ。もう、そういうことは、人間の社会、人間の心理をいくら分析してもわからない。気候であるとか、農作物の出来不出来であるとか、そういったものが、歴史にどういう影響を及ぼすかということは、いま、歴史学でも新鮮な論点でしょうね。

池上　面白い。雨が歴史を変える。火山の噴火が革命を引き起こす。いま、地球温暖化が進んでいますよね。その影響で異常気象になって、すでに世界各地で大旱魃《かんばつ》や大雨が起きていますが、そういうことによっても、歴史が動く可能性があるんですね。

佐藤　ありえます。いま政治のほうでも、ダムをどうしようかなんてことをやっていますけど、これからの気候変動で公共事業のあり方なども大きく変わるでしょう。異常気象、まさに人類が経験したことがないほどの変動が、この時代に起きつつあるわけですからね。ゲリラ豪雨みたいな雨が多くなれば、これまでの常識では考えられない鉄砲水が起こるかもしれない。だったら、堤防工事はどうするか。どか雪みたいな、これまた尋常でない積雪量があれば、従来の雪崩対策では不十分になってくるかもしれない。だったら、どうやって安全を守るか。環境問題ひとつで、政治情勢は簡単に変わるでしょうね。人の心が簡単に変わりますからね。思わぬ事件が起きて、結果としていろんなことに影響が現れてくる、そういうことはかなり高い確率で起こるんじゃないでしょうか。

池上　フランス革命も、明治維新も、歴史上のできごとはすべて、上っ面だけでなく、総合的な視野で見ていかないとだめですね。

第三章　「半分」だった戦後の革命

愛しのマッカーサー様

池上　先ほどは明治維新という、日本史の中でももっとも日本人好みな革命のお話をしたのですが、今度はちょっと時代を下って戦後の革命のようなものを眺めてみませんか。まず、敗戦と同時に始まった民主主義への大きな改革がありますね。いわゆるＧＨＱ革命。「八月一五日革命」なんていわれることもありますけど、これなんか、どうご覧になりますか？　革命といっていいんでしょうか。

佐藤　僕は革命の一種だったと思います。アメリカに命令されて否応なくやったことですから、内発的な要請で始められたものではない。けれど、明治維新だって、きっかけはアメリカの黒船ですよね。日本の革命というのは、外圧から始まるパターンのほうが、むしろ一般的なのかもしれません。古代、中世、近世とみても、革命とか変革とかいった出来事には、ときどきで中国だったり、ヨーロッパだったりしますが、ほとんど常に外圧があったような気がします。

ＧＨＱ革命に話を戻しますと、それがもたらした変化の大きさからいっても、やはり革命だったんじゃないかと思います。学校の教科書からして、一日にして変わってしまったなんて聞きますけど、まさに戦後の日本は全く新しい体制に生まれ変わりましたから、けっこう意味は大きいんじゃないでしょうか。

池上 上から押しつけられた民主主義革命ですね。

佐藤 ええ。占領軍の長としてやってきたマッカーサー。僕が思うに、あの人はある種ナポレオン的な位置づけになるのかなと。

池上 マッカーサーがナポレオンですか。

佐藤 ええ。フランス革命になぞらえるとすれば。フランスの場合は革命があって、すぐあとにナポレオンと連続しています。やはり革命を徹底的にやって、いくところまでいってしまったから、ナポレオンの登場も急がれたんだろうと思います。このままじゃあ、フランスはどうなってしまうかわからない。せっかく近代化、民主化をしたんだから、上からの押しつけで構わない、とりあえず誰か固めてしまってくれよ、というわけです。ところが、日本の明治維新は穏やかでした。国として破綻してしまうような危うさはなかったけれど、近代化や民主化といったものは不徹底でしたよね。それだけに自分たちじゃあ、どうやればいいのかわからない。上からの押しつけで構わない、とりあえず誰か完成しちゃってくれよというのが、こちらのマッカーサーだったんじゃないかと。

池上　ナポレオンもマッカーサーも、一種、専制君主的な側面がありましたよね。

佐藤　ありましたね。

池上　専制君主的でありながら、民主化を行った。行ったというより強引に推し進めた。

佐藤　そうなんです。強権的に。その手法なんかを通しても、ナポレオンとマッカーサーは対《つい》になって見えるんです。

池上　日本の場合、マッカーサーという人は、ちょっと前まで敵だった人ですね。鬼畜米英とかいって戦っていた相手です。それを、負けたとたんすぐウェルカムで受け入れちゃうんですから、このあたりは日本人が節操がないと諸外国からいわれるゆえんでもあります。しかし、そういう節操のなさは、この場合の比較でいくと、フランス人にとってのナポレオンも同じなのでしょうか。絶対王政を壊しながら、また絶対王政に近いようなナポレオンを求めちゃうというのはどういう心理ですか。

佐藤　ナポレオンというのは民衆のなかから生まれた英雄だと、生まれながらの王じゃなくて、実力で台頭した人物なんだから自分たちと同じだ、皇帝というのは自分たちの代表なんだと、そういう理屈だったたと思います。ナポレオン自身がそういう方向で自己演出に励んだ節もありますし。けれど、それは深層心理というか、無意識の本音ですよね、それをごまかすためのエクスキューズでしかなかった気もします。フランスの場合、王権神授説を容れるメンタリティがベースとして、あらかじめ国民のなかにあった、ナポレオンの政治は疑似君主政だったから抵抗がなかったと、それが真相だったんじゃないかと。

池上　なるほど。してみると、日本とはちょっと違いますね。

佐藤　そうですか。

池上　マッカーサーは一九五一年に占領軍の司令官をトルーマン大統領に解任されますでしょう？　朝鮮戦争(38)が始まって、北朝鮮や中国に対して核兵器を使うべきだと進言したあとに。あのとき日本国民はびっくりしたんですよね。ええっ、マッカーサー司令官をクビにできる人がいるのかと。どうも当時の日本人の目に、マッカーサーというのは天皇よりも偉い人に見えていたらしい。

マッカーサーがいよいよ日本を去るというときには、マッカーサーを見送るための群衆が沿道に集まって、「マッカーサーさん、ありがとう」って名残《なごり》を惜しんだんです。いまにして思えば、信じられないような心理が日本人の中に醸成されていたんですね。そのときに、日本の民主主義革命はもたらされた。

佐藤　天皇より偉くみえた、少なくとも並べて捉えられたということは、もしかすると、まだ江戸時代の感覚が残っていたのかもしれませんね。つまりは、日本人にとってマッカーサーは復活した征夷大将軍、ＧＨＱは江戸幕府だったのかもしれないと。

いずれにせよ、偉い人まかせの発想です。〝英雄待望論〟にもつながります。最終的には神頼みとなる発想です。日本人の場合は「誰かがやってくれるだろう」という人任せ的発想が、やっぱり強いんですかね。

池上　そうですね。さきほど、佐藤さん、フランスの絶対王政と自民党政権をアナロジーとして挙げられて、ともに王権神授説だと。両方とも言葉がなくなっていたとおっしゃったではないですか。それを、いまのＧＨＱ革命の話とリンクさせていいますと、王権神授説というのは、そもそも、王様が神から絶大な権力を認められて政治を行うことですよね。

とすると、このときの自民党は、神様に当たるアメリカから、お前たちが政治をやってよいというお墨付きを与えられた。だから、その正当性によって、あれほどの長期政権が行われたのかなと。いまふとそんなことを考えてしまいました。

イラク、アフガン、日本方式

池上　アメリカ型の〝押しつけ民主主義〟ということでもう少しいいますと、マッカーサーが日本に対してやったのと同じようなことを、のちにブッシュ大統領がイラクやアフガニスタンに対してやりますね。

佐藤　やりましたね。

池上　民主主義の押しつけは、アメリカの一種のお家芸です。

佐藤　フランスのお家芸でもあったと思います。前にも少し触れましたが、フランスは革命を成功させるために戦争をしなければならないという、なんとも理解しがたい理由で開戦しているわけです。このとき侵攻したのが北ではベルギー、オランダ、南ではサヴォイア、ピエモンテで、占領したあげくにフランスに併合しようとまでしたんですが、これをどうやって正当化したかといいますと、おまえのところも暴君の支配から解放してやる、フランス流の自由、平等、友愛の精神を受け入れたんなら俺たちと一緒になれと、こういう理屈だったわけです。いわば革命の輸出ですね。後のナポレオンなんか同じ論法で、ヨーロッパ各地を征服して回りました。けれど、うまくいかないんですね。結局は総スカン喰わされるだけなんですね。アメリカのそれも中東では、うまくいきませんでしたね。

池上　そうなんです。あんなものはうまくいかないのがふつうで、日本で成功したことのほうが珍しいんです。外から押しつけられて、ふつう成功するものではありませんね。

佐藤　日本で試してうまくいったから、アフガニスタンでもやってみたなんてことがいわれましたけど。

池上　なぜ日本でうまくいったかというと、大正時代に「大正デモクラシー」というものがあって、日本人は民主主義の経験を、じつはかなり積んでいたんです。ですから、そういうものを受け入れる素地がすでにできていた。しかし、イラクやアフガニスタンはそういう素地がなかった。そこに日本方式をもっていったって、うまくいくはずがない。イラクにしてもアフガニスタンにしても、部族社会なんです。それこそ昔のブルゴーニュとかシャンパーニュとかのように、それぞれの地域にまずそれぞれの長がいて、それらの上に国王がバランスを取りながら乗っかっているような状態。

佐藤 アンシャン・レジームのフランスとの比較でも見られますね。

池上 ええ。ついでに日本との比較でいいますと、アフガニスタンなどはまだ戦国時代なんです。戦国武将が各地に群雄割拠して、てんでに税金を取って、国にお金が入っていかない状態。それぞれの領地に関所みたいなものをつくって、勝手に通行税を取っている。それぞれの軍閥が私兵を養っているような状態なのです。

佐藤 まさに日本の戦国時代、フランスでもアンシャン・レジームというより、それ以前の中世末期ぐらいの感じでしょうか。

池上 異様なのは、社会システムとしては戦国時代なのに、軍備だけはどんどん近代化しちゃってるんですね。いってみれば、戦国武将がロケット砲やバズーカ砲を抱えて馬に乗っているような。あるいは、戦国武将が装甲車に乗って砂漠をキャラバンしているような。そういう人たちのところに、いきなりナポレオンだのマッカーサーだのが乗りこんでいったって意味不明なんです。

佐藤　日本の場合は意味がわかったと、その程度までは素地があったから成り立ったと、そこは納得できますね。しかし、押しつけ型の民主主義であるにもかかわらず、なぜうまくいったのか、日本の革命にはもう一段の秘密があったようにも思います。つまりは日本の得意パターンだったという――。

ＧＨＱ革命も「二分の一」

池上　明治維新はフランス革命の半分でしたけれども、ＧＨＱ革命もやっぱり半分でしょうか。

佐藤　半分でしょうね。既製品を外から与えられた革命ですし、天皇制をやめちゃったわけでもない。だから、フランス革命みたいなトラウマは、ここにもやっぱりない。

池上　もう一つ、二分の一で抑えられた理由は、ＧＨＱのコントロールが巧みだったってこともありますでしょう？　最初は上から押しつける形で日本人に革命をやらせたけれども、そのあと、人びとのほうが目覚めて、あっちでもこっちでもゼネストが起きたりして。そうしたら、今度はレッドパージ(39)して行きすぎを止めましたね。

佐藤　逆コースですね。東西冷戦が始まって、朝鮮戦争が始まって、日本を西側陣営の防波堤にしないといけなくなったから。あんまり目覚められても困る、と。

池上　ということで、GHQ革命は二分の一で終わったんですけど、そのあとの六〇年、七〇年の安保のときの潮流などは、もしかしたら、二分の一で終わらない可能性もありました。とくに学生運動の波が最高潮になった一九六八年。あれは、日本人としては珍しいエネルギーがありました。場合によってはフルの革命にいった可能性もあったかなと思うくらい。佐藤さんはお若いからリアリティがないかもしれませんが……。一九六八年って、佐藤さんがお生まれになった年ではないですか。

佐藤　そうなんです。

池上　そうすると、学生運動などは――。

佐藤　実感がないですね。革命の話なんか書いていますが、自分自身の皮膚感覚みたいなものは、ほとんどないです。

池上　私などはどまんなかの大学生でした。当時の大学生は、学費値上げ反対とか、なんとか反対とか、ストばっかりやってました。印象的だったのは、赤軍派(40)のビラでした。「戦車の上に赤旗を」と書いてあって、なんだ、これは？　と驚いた記憶があります。要するに、警視庁の機動隊では対応できないような闘争をやって、自衛隊の治安出動を誘おうと。なぜかというと、自衛隊員はプロレタリアート出身者ですから、出てきたら必ず自分たちのほうにつくだろうという読みなんです。飛躍に飛躍を重ねているようですが、世界中どこでも最初に革命が成功するかどうかは、軍隊が革命側に味方することにかかっている。ですから、あながち絵空事でもなくて。二〇一一年一月のエジプトでの民衆蜂起でも軍隊は人民の側に立ちました。

佐藤　そうですね。フランス革命もまさにそうでした。例のバスティーユ襲撃にしても、最終的にはフランス王の衛兵隊が民衆側に寝返ったから、あれだけの要塞を陥落させることができたんです。『ベルサイユのばら』では、その衛兵隊を率いたのがオスカル、バスティーユ陥落はオスカルの手柄ということになっていますが——。当時のパリの人びとにも、兵隊との連帯感というのはあったようです。同じフランス人で、同じ第三身分なんだから、俺たちに武器を向けるはずがないという感覚です。とすると、そもそも蜂起なんかしないようにも思えますが、パリが追い詰められ、いよいよキレたというのは、王がスイス傭兵、ドイツ傭兵といった外国人を送りこんできたからなんです。

一九六八

池上　そういえば、この集英社のある神保町周辺がまさに、当時、日本のカルチェ・ラタンと呼ばれていたところですよ。カルチェ・ラタンはパリの学生街のこと。パリで大学生が警官隊と衝突を繰り返していました。神保町周辺でも、日本大学、明治大学、中央大学がありましたから、三つの大学の学生が集まって、歩道の敷石をはがしたりして機動隊とやりあっていました。いまはもうすっかりきれいになっちゃいましたけど、いつも催涙ガスのにおいが充満していた記憶がありますね。

しかし、当時の〝世界同時革命〟みたいな雰囲気はいったいなんだったんだろうと、いまでもときどき思うことがあります。アメリカの一九六八年の学園闘争の青春を描いた

『いちご白書』（一九七〇年作品）という映画がありましたね。またベトナム戦争反対運動が起きて、一九七〇年五月四日にはケント大学の学生が出動した州兵によって殺される。あのころ、アメリカではキング牧師に代表される「公民権運動(41)」も激化していましたし、フランスでは五月革命(42)ですね。サルトルやボーヴォワールの影響を受けて。

佐藤　池上さんの世代の方は、みなさん、そうおっしゃいますね。

池上　しかし、あのころの記憶って、こうして考えると、とても照れるんですね。なんと言うのかな、いっぱしに主張していたことに赤面するというか。

佐藤　そうですか。だとしても、一九六八年ごろにああいう世界同時革命的なものがなぜ起こったのかというのは面白い問題ですよね。社会主義の盛り上がりももちろんあったんでしょうけど、メディアとか、テレビや映画などのサブカルチャーも関係しているんでしょうし。僕自身はあまりリアリティをもって考えられていないのですけど。

池上　僕の場合は、リアリティがありすぎてもてあます感じですね。自分の経験としても生々しいし、近すぎる歴史だから、まだ相対化できていない。

佐藤　近すぎて語りにくい。

池上　ええ。団塊の世代が飲み屋に行って、インターナショナルなんか歌っているのを聞いた日には、戦争世代の人が軍歌を歌っているのとどこが違うんだと、恥ずかしくてしょうがないですよ。

革命の成功体験

池上　さっき、佐藤さん、日本人は〝英雄待望論〟が強いということをちらっと言いかけられたように思ったんですけど。

佐藤　ええ。誰かやってくれないかなと思って待っている、あるいは、誰かがやってくれるものだと思い込んでいる。そういう傾向が強いですよね。

池上　それは、自分たちがみずから動いて成功した体験がないからだと、以前、おっしゃっていませんでしたか。フランスの人たちは、なにかというとデモを起こすけれども、日本人はあまりやらない。それは、デモなんかやってもどうせ無駄だと最初からあきらめているからだと。

佐藤　言いました。「やればできる」の成功経験がないから、動かなくなっちゃったんだと思います。

池上　それは確かにありますね。少なくともいまお話しした一九六八年のときなどは、珍しく内発的な動きで社会主義革命が起きかかったんですけど、それも七〇年を過ぎたら、熱病がさめたみたいにサーッと引いて、やっぱり二分の一でやめちゃいました。あのときもっと先にいっていれば、その後の様子もかなり違っていた可能性があるんですけど。

佐藤　フランスではいまでも、なにかというとデモ、ストですよ。最近は高校生も街頭にすごく出ています。すぐ道路が占領されて車が進めなくなりますし、地下鉄もすぐ止まる。不満を感じたら即座に行動に出るというあの感じは、やっぱり過去の経験ゆえですね。

牽強付会《けんきょうふかい》でいうのではありませんが、僕はその大本も、フランス革命なのではないかと思っているんです。具体的にいえば、バスティーユ。誰に頼まれたわけでもなく、自分たちで立ち上がって、王の要塞を落としました。動いてみたら、世の中が変わった。そこから革命が始まった。やればできるじゃないかと自信を持った。勢いづいて、テュイルリ宮を襲撃したら、今度は王政そのものが倒壊した。調子に乗って、若きナポレオンに蹴散らされることもあったけど、めげない。復古王政のときも決起して、「七月革命」を実現した。その七月王政も「二月革命」で倒した。そういう風に繰り返していくうちに、国民としての経験・体験というのは、やっぱり血肉になっていくんじゃないでしょうか。

池上　そういえば、いま思い出しました。その昔、みんなで手をつないで、道路いっぱいを埋め尽くすようなデモのことを「フランスデモ」と呼んでました。警察は東京都公安条例違反だ、検挙するとマイクで叫んでいましたね。

イデオロギーから政治文化へ

佐藤　このあとに、民主党の政権交代のお話と、それをフルサイズの革命までもっていくのかどうかという議論に入っていければいいのですが、その前に一つだけ、触れておきたいことがあります。いままでのお話とうまくからむか、わかりませんけれど。

池上　はい。なんでしょう。

佐藤　革命というものの一般的なとらえ方として、まずブルジョワ革命があって、その後にプロレタリア革命があるという二段階の捉え方の話を、さっきされましたよね。そして、フランス革命を二段階に分けて、一七九二年まではブルジョワ革命のもとであり、九二年以降は、プロレタリア革命のもとであると。

フランスの歴史の研究者なども、過去、ずっとそういう認識できていたんです。だから、少し前までは、論文を書こうとするときなどは、自分はどの立場なんだということを最初に表明しなければ始まらなかった。自分はブルジョワ革命論が正しいと思っていますとか、いや、それは間違いだと考えていますとか。

池上　そうなんですか。

佐藤　ところが、状況が変わって、まずブルジョワの民主革命があって、それからプロレタリア革命があるという順番は、真実でないことがわかりました。ソ連などの東側諸国が次々に崩壊して、必ずしも共産主義が人類のゴールじゃなかったこともわかった。すると、フランス革命をどう捉えればいいのかという視点も、変わってくるわけです。それで、どうなったかと言いますと、フランス革命をイデオロギーの枠組みの中で見るのではなく、とにかくそのときどういうことが起こったのかということを、フラットに見ていこうという考え方が出てきた。

池上　当たり前っちゃあ、当たり前ですけれど。

佐藤　ええ。当たり前なんですけど。しかし、イデオロギーの枠組みがガチッとできていたころは、社会経済史的なアプローチしかできなかったのです。で、今度その、イデオロギーではない枠組みでフランス革命を眺めたときに現れてきたのは、〝政治文化〟というものだったと僕は思うんです。

池上　ほう。政治文化。また違う広がりが出ましたね。

佐藤　言い方を変えますと、政治文化というものが初めてできたのが、フランス革命だったのではないかと。そう考えれば、フランス革命の中にブルジョワ革命を見るのも、プロレタリア革命を見るのも、アメリカ型の民主主義を見るのも、東側の国家社会主義を見るのもありなんですね。文化の母体として、そこからどういうものが出てきても不思議ではないですから。

池上　たしかに、柔軟にとらえることができますね。

生き物としての政治文化

佐藤　ということで、フランス革命において政治文化というものが初めてできたと考えると、じゃあ、フランス革命の前にあったものはなんなのか。それは、いまの僕の言い方をするならば、いわば〝二分の一政治文化〟なんです。

というのは、政治という文化はそもそも〝生き物〟のように存在しているんです。つまり、有機体として。ところが、フランス革命以前の革命は、生き物なのに生命をまっとうしない、あるところまではやるんだけれども中途でやめてしまっている、あるいは手かせ足かせを嵌《は》められて、奔放に躍動したい衝動が抑えられていると、そういうイメージがあるんです。それが、生きた政治文化として動いて、自らの命をまっとうした。不合理であろうが不条理であろうが、馬鹿であろうが愚かであろうが、とにかく最後までフィニッシュした。その最初の事例が、フランス革命なんじゃなかろうかと。

そこで他の事例、それこそ現代の日本なんかについても、この政治文化という視点から眺めると、従来のイデオロギーや既成概念にしばられない新たな姿が見えてくるんじゃないかと、僕は今そう考えているんです。

池上　政治文化って、フランス語でなんていうんですか。

佐藤　クルテュール・ポリティーク。大衆政治というようなテーマも、政治文化の視点から考えることできますね。

池上　なるほど。たとえば、左翼、右翼という言葉もフランス革命のときの議会の座る位置から出てきたんでしたね。そういう源もここにある。フランス革命から左翼、右翼が生まれ、アメリカ型民主主義が生まれ、ロシア革命が生まれ、ほんとに現代のさまざまな政治がみんなここから始まったという感じですね。政治文化という観点から眺めると、いろんなことが、よりとらえやすいわけだ。それから、人間の政治の最初の理想として出された「人権宣言」。あれだって、その中に包含されていた人間性とか理想とか苦悩とか、そういうものも、政治文化という視点からとらえるといいわけですね。

佐藤　ええ。「人権宣言」と政治の言葉のお話は、このあと改めて問題提起したいと思います。

第四章　言葉の時代、あぶない後半戦

選挙がバスティーユ

池上　いよいよ佳境に入ってきました。では、二〇〇九年の政権交代以降の日本のいろいろな問題を、フランス革命という歴史的な大事件と見くらべながらお話ししていきたいと思います。

先ほどからの流れでいいますと、絶対的な権力を持って……、いや、じっさいには絶対的というほどでもなかったということですけれど、ともあれ一〇〇〇年も続いてきた伝統ある王権が、革命によって終焉《しゅうえん》させられた。日本でも戦後半世紀以上、超長期政権を担ってきた自民党がひっくり返された。民主党に取ってかわられた。

佐藤　ええ、政権交代が起こりました。これをあえて、革命が起こりました、といってみるとどうなるでしょうか。

池上　行動の主体が変わったわけだから——。

佐藤　とりあえず、民主党革命といってみましょうか。

池上　フランス革命の場合は、王様一人が権力を握っているのはおかしいといって民衆が立ち上がったわけですね。その民衆のパワーが炸裂した最初の瞬間は……、バスティーユですか。

佐藤　バスティーユだと思います。

池上　では、それとのアナロジーとして、日本の政権交代のほうで、バスティーユに相当するものは、なんだったんでしょうか。

佐藤　選挙だったと思います。

池上　ああ、そうか。選挙がバスティーユ。

佐藤　ええ。しばしば誤解されていることなんですけど、あのときのパリの民衆も、最初から「こうしよう」という明確なビジョンがあって行動を起こしたわけではないんです。とにかく立ち上がった。バスティーユを襲うことが最終目標だったわけでもありません。シャン・ドゥ・マルスに外国人傭兵が五万も集められた、これと戦うためには武器がいる、武器はどこにあるかと問えば、バスティーユの地下に溜めてあると答えた者がいる、それで皆で向かったというのが真相です。いってみたら、バスティーユのほうでも大砲を出していた。頭に来たから、襲撃した。そうしたら、落ちちゃった。落としてみたら、王様のほうが折れて、あっさり兵を引き揚げさせた。なんだ、やればできるじゃないかということになって、そこから革命に動きはじめたという側面が大きいんです

池上 なるほど。とりあえず攻撃してみたら、あらら、バスティーユ落ちちゃった、どうしましょうと。

佐藤 今回の政権交代も似ていますよね。あれれ、民主党が勝っちゃった、どうしようと、そこから動きはじめた感じですよね。

池上 さきほど、日本人には「やればできる」の経験がほとんどないってお話をしました。今回初めて、「やればできるじゃないか」という感じに、ちょっとなったんでしょうか。

佐藤 ちょっとはなったかもしれないですね。しかし、やっぱり経験不足が響いています。それからあとが迷走していますし、これはというヴィジョンが示されたわけでも、この人はという指導者が出てきたわけでもない。経済や国際関係といった四囲の状況をみても、追い風が吹いてるとはいいがたい。

池上 これまでのお話では、日本の革命は二分の一だということでした。で、うかがうの

ですが、佐藤さんの感じだと、いまこの民主党政権、いや民主党革命、正直なところ、ぶっちゃけ、どのくらいのところにきていますか？

佐藤　前半戦の終わり、やっぱり、半分だと思います。

池上　やっぱり二分の一か。

民主党の政治家を革命期の人物にたとえると

佐藤　ということで、僕、最近、冗談半分で、民主党の人たちをフランス革命の人たちになぞらえてるんです。

たとえば鳩山由紀夫はラ・ファイエット。(43) ラ・ファイエットというのは、お育ちのいい貴族で、穏健でソフトなんですけど、説得力はあんまりなかった。鳩山さん的でしょう？これに対して、小沢一郎はミラボー。ミラボーというのは、ご存じのようにたいへん実力のある政治家なんですけど、ややダーティーなところがあって、スキャンダルなどでなかなかトップがとれなかった。だから小沢さん。二人とも貴族です。革命初期のリーダーは開明派の貴族がメインだった。

佐藤　鳩山さんも小沢さんも二世議員ですから、貴族という役回りですね。

池上　ええ。そして前半戦の終了とともに、彼ら初期のリーダーが消えて、中盤戦では、平民の中から弁の立つ有能な人たちが現れてくる。「三頭派」と呼ばれた人たちのうち、デュポール(44)とラメット(45)は貴族ですが、バルナーヴ(46)は平民の出身です。けれど、三人のなかでは最も才能豊かな雄弁家でしたし、『フランス革命序説』などを出して、なかなか鋭い分析もできる思想家でもありました。そのバルナーヴを僕は菅直人になぞらえているんです。

佐藤　なるほど。菅さんもいま、すごく苦戦しています。

池上　ということで、いまの日本の現状は、まさに革命の中ほどですったもんだしているところ。というより、そろそろ、分かれ目になってきたところではないでしょうか。

佐藤　分かれ目ということは——。

池上　フランス革命も二分の一で止まっていれば、王を殺したり、恐怖政治に走ったりということにはならなかったわけでしょう?

池上　日本も、場合によったらわからない？

佐藤　そろそろ正念場になってきたのではないか、と。

公約をめぐる狂騒

佐藤　というのも、とくに最近の政治に登場する言葉を聞いていて、そう感じるんです。

池上　政治の言葉ですか。それはどんな？

佐藤　いろいろな局面があるんですけど、いちばんわかりやすいのは、「公約」です。これまでの政治で、公約がこんなにまともに問われたことはなかったと思います。

池上　マニフェストですか？

佐藤　そうです。これまでにもマニフェストというものはあったけれど、選挙宣伝の一種みたいにとらえられていたと思うんです。でも、いまは、いろんな意味でかなり重みが増している気がするんですね。期待も大きい。破ったときの批判も大きい。

池上　それは思います。選挙のとき、民主党は、マニフェストですごくアピールしましたよね。「コンクリートから人へ」がスローガンでした。無駄なハコモノの事業をやめて、「高速道路の無料化」とか、「子ども手当」を出すとか、「事業仕分け」をするとか。で、政権交代が実現したあと、びっくりしたんですよね。国土交通大臣になった前原誠司がすぐ八ッ場《やんば》ダムについて「この事業は中止します」といったから。

佐藤　びっくりしましたよね。

池上　ほんとにやめるとは誰も思ってなかったんですね。地元は大騒ぎで、たいへんだたいへんだって反対運動が起こった。けれども、国民は、「やるじゃないか、民主党」って拍手。子ども手当もやった。高速道路無料化あたりになると、さすがに微妙になりましたけれども、とりあえず、実験的にはやった。で、株が上がった。

佐藤　長い自民党政権の中で、政治家が公約通りにやるはずがない、やらないのが当たり前だっていう常識になってましたからね。

池上　笑い話で、日本の政治家の公約っていうのは、選挙が終わるとすぐはがせるっていわれてたんですよ。ベリッとはがせるから公約（膏薬《こうやく》）。選挙が終わればはがせるんだから、終わるまでは、できるだけいいことを言っとけって（笑）。

そういえば、政権交代直後の新聞の社説やコラムを読んでいて、異様な感じがすることがけっこうありました。いままでは、選挙が終わるとだいたいの新聞が、「なぜ公約を守らないんだ」という論調で書いてたんです。ところが、民主党が政権を取ってから、「マニフェスト通りにやらなくていい」とか「マニフェストにとらわれずにやれ」みたいな調子のものがけっこう増えた。私、それを見まして、えらい寛大になったじゃないかと気味が悪かった。あれは、ほんとにマニフェスト通りにやられたら困るってことだったんじゃないでしょうか？

佐藤　それだけ、政治の言葉の信頼度が低くなっていたってことですよね。

池上　ええ。しかし、その民主党もだんだん公約通りにできないことが出てきた。事業仕分けというのも、うやむやになったし、八ッ場ダムも大臣が馬淵澄夫に代わったとたん、やめるとはいってないなどと言い出した。それで、なんだよ、撤回か、とブーイングです。

佐藤　歴史的に見ても、最初になまじ高い理想を掲げて、中途半端に実行しちゃったりすると、逆にあとがたいへんになったりするんですよ。批判も数倍大きくなります。

池上　公約通りにやろうとしたら、公約通りでなくていいっていう。お言葉に甘えて「じゃあ」ってやめようとしたら、ほーら、やっぱり約束守らなかったじゃないかっていう。なら、どうすればいいんだよと。たしかにいままで公約違反でこんなにもめたり責められたりしたことがあったかしらと思いますね。

佐藤　そこなんです。フランス革命が二分の一で終わらずに後半戦に突入した理由というのも、そのあたりに大いに関係している。現在の日本の状況が、妙にそれと似ているんです。だから、政治の言葉というものに、いま僕はとても注目しているわけなんです。

池上　たしかに、以前とくらべて、いろんな意味で、政治が饒舌《じょうぜつ》、雄弁になっていますね。

人権宣言はマニフェストだった

池上　雄弁な政治、という意味では、フランス革命では、なんといっても一七八九年の「人権宣言」が真骨頂ですよね。フランス革命の最大のトピックス、あるいは、革命の最大の遺産といいますか。まだ小出しにしかうかがっていなかったと思いますので、ここでじっくりうかがいたいと思います。「人権宣言」は世界史上、もっとも熱い言葉だというようなことを、先におっしゃっていましたね。

佐藤　ええ、まさに「政治の言葉」の原点というか。先に出したキーワードでいうと、政治文化の原点といってもいいかもしれません。

池上　私、佐藤さんの『小説フランス革命』を、気になるところに線引きながら読んだのですが、いちばん線を引いちゃったのは「人権宣言」のところなんです。なんといっても有名なのは、第一条の「人間は生まれながらにして自由であり、権利において平等である」というやつだと思うんですけど、ほかにも、たとえば第三条の、「主権の根源は本質的に国民にある。いかなる団体も、いかなる個人も、はっきりと国民に根ざしているとわからないような権力は行使できない」。これなどは脱官僚政治のことじゃないでしょうか。官僚の政治というのを、われわれはこれまで、お上が決めたことだからと、なんとなく従ってきましたけれども、待てよと。はっきりと国民に根ざしているとわからないような権力は行使できない。（**＊人および市民の権利宣言**）

あるいは第一五条。「社会は全ての行政官に対して、その公務について報告を求める権利を持つ」と。これは情報公開ですよね。外務省の密約問題じゃないけれども、いまのわれわれが聞いても耳が痛いじゃないですか。

佐藤 そうなんです。

池上 「人権宣言」って、いまの私たちがあらためて熟読玩味《がんみ》すべきことが、ものすごく含まれているんじゃないかと思うんです。

佐藤 ええ。全部で一七条あるのですけど、フランスだけではなく、日本も含めた近代民主主義社会一般に通用する、まさに全体を貫く背骨になるような原理原則が集約されています。いわば金言、人類の宝で、こういう言葉を自分の作品の中で扱うことができて、本当に幸せだなあと思うことがありますよ。作家冥利《みょうり》に尽きるなと。

池上 現代のわれわれもなかなかできないでいることを、二〇〇年も前に書いた人たちがいたんだってことに、私、たまげたんです。よくぞこれだけのものを出しましたね。

佐藤 ええ、すごいんです。しかし――。

池上 しかし？

佐藤 ここにもちょっと慎重な態度が必要かなと。

池上　といいますと？

佐藤　さきほどからのお話にまさにつながるんですけど、この「人権宣言」というものこそ、つまりはマニフェストだったんです。

池上　なるほど、そうきますか！　「人権宣言」ってマニフェストなんだ（笑）。

佐藤　そうなんです（笑）。つまり、革命が起きますね。そうすると、民衆は新しいことが始まりそうだと期待感を持ちますけれども、ほんとに大丈夫なのかと不安にもなります。だって、どこの馬の骨とも知れない……、とまではいかないにしても、由緒ある王家とは違う人たちが、これからは自分たちが政治やりますっていうんですもの。そりゃあ不安になります。自分たちはほんとに幸せになれるのか、もしかしたら、もっと貧しくなってしまうんじゃないか。心配でしょう？　そういう人たちを安心させなきゃならない。そして、自分たちがなにをやろうとしているのか、わかってもらわなきゃいけない。

ミラボーはなぜ人権宣言に反対したか

佐藤　一七八九年の七月一四日にバスティーユ要塞が陥落します。それから数カ月間のフランスの情勢を見ると、ものすごい社会不安に襲われているんです。議会を追い出された貴族が軍隊を率いてやってくるとか、盗賊を雇い入れて悪党どもに村を襲わせようとしているとか、デマが際限なく広がって、早く逃げろとか、自警団を組織しろとか。フランス語で〝グランド・プール（大恐怖）〟っていうんですけど。

池上　大パニック。集団ヒステリーですね。

佐藤　ええ。なにしろ、一〇〇〇年もフランスを支配していた王家が瓦解《がかい》しそうだ。いや、まだ瓦解なんて全然しないんですが、いくらか譲歩したようだ、そのために貴族たちは外国に逃げ出した、少なくともこれまでとは違うようだと、そう感じただけで、もう動揺しちゃったんですね。これからの政治は王でも大臣でもなく、「国民議会」というものがリードしていく。そういわれても、「なんですか、それは」じゃないですか。フランスはイギリスなどと違って、絶対王政の時代に議会も廃止していましたから、代議制の感覚もなくなって久しかったんです。

そういう世の中をしずめて、民衆を納得させるために出されたのが、革命新政権のマニフェスト、もとい「人権宣言」だったというわけです。訴える相手はインテリばかりでなく、それこそ字も読めない平民も多いので、できるだけわかりやすい言葉を使う。それでいて、ありったけ高い理想を盛り込む。自分たちの政治が魅力的に見えるように、知恵も絞れるだけ絞る。そうして出したのが「人権宣言」なんです。後世、人類の宝みたいにみなされるようになりますけど、基本はあくまでもマニフェストなんです。

池上　そういわれたとたん、現代の政治とかぶってきました。しかし、そのマニフェスト、民衆にウケたんですよね?

佐藤　ええ、大いに。だって、いままでは王様がいて、貴族がいて、あるいは聖職者がいて、その下に身分を固定されて、ぞんざいに扱われていた平民が、これからはあなたたちこそ主役です、あなたたちのために政治をしますと、そういうことをほのめかされたわけですから。しかし、マニフェストはあくまでもマニフェストなんです。だから、ミラボーみたいに先見の明のある政治家は、そんなもの出すなと反対している。

池上 あとで自分の首を締めることになるぞ、ですか。さすがミラボー、老練ですね。

佐藤 マニフェストっていうのは、いわば口約束であって成文法ではありません。でも、民衆は決定事項のように誤解するかもしれませんよね。だから、あとで正式に憲法を定めようとしたとき、前にいってたことと違うじゃないかと文句が出る可能性があるよ、とミラボーは注意したんです。「人権宣言」の一言一句が厳しく吟味されることになるだろうと見抜いていたあたり、やっぱり政治の第一人者だなと思わせます。

ちなみに反対に出せ出せとせっついたのが、ラ・ファイエット。アメリカの独立宣言にならって、フランスでも人権宣言を出そうと言い出した、そもそもの言いだしっぺでもあります。ところが、アメリカのようにはいかないんです。貴族はイギリスにいるもので、アメリカにはいない。いるのは全て移民、全て横並び、現実と齟齬《そご》がないから自由で平等だと謳い上げて、なにも問題なかったわけです。ところが、フランスはそう単純な国じゃない。いや、アメリカだって、黒人奴隷や原住民のことは勘定に入れなかったから、ああいう宣言が出せたわけです。アイルランド移民、イタリア移民が入ってから、同じような宣言を出せたかというと、それだって疑問なわけです。

池上 で、ほんとにあとでもめることになっちゃうわけですね。

佐藤 ええ。それがたぶん、日本で起きていることでもあるんです。選挙に勝ちたいがためにその場限りでいってしまった。マニフェストはそういうものだと納得してくれる人はいいですけれど、なかには、いった以上はやれと不満を抱く人もいます。それが証拠に「人権宣言」は人類の宝だけれども、当時のフランス人にとっては災いの種でもあったんです。

実績がないから、言葉しかない

佐藤 前に政治の末期は言葉がなくなると申し上げましたが――。

池上 ええ。フランス革命はなぜ起きたのかっていうお話をしたときに。革命は王様の政治に言葉がなくなったから起こったのだとおっしゃっていましたね。しかし、王権には実績があったから、言葉は必要なかったのだともいえると。

佐藤　逆にいえば、革命新政権は言葉しか持たなかったんです。

池上　そうか。王様には言葉がいらなかった。しかし、革命側には言葉しかなかったということですね。

佐藤　王のほうは、言葉がないかわりに人脈があったり、政治力があったり、前例があったりして、それで国を運営してきた。しかし、そういうものを全く持たない者は言葉しかないので、一所懸命言葉で表現する。それがマニフェストです。その唯一のものを、「あれは予定だったんです」とか「予定は未定なんです」とかいっちゃったら、自己否定になってしまうんです。

池上　なるほどね。言葉を発した責任というのもあるけれど、自分たちのアイデンティティにもかかわります。

佐藤　ですから、それを外したら他に何もないので、やっぱり言葉にこだわらざるをえないし、そして、いったん言葉を吐き出したために、そこまでする必要のないことまでせざるをえなくなっちゃう。そうしないと政権を取れない、取れた政権も維持できなくなってしまうという、ジレンマの悪循環に陥ったのが、フランス革命じゃないでしょうか。

池上　王権神授説の絶対王政のときは言葉がいらなかったけど、〝言葉の政治〟になったために、事情が変わってしまいましたね。

佐藤　ええ。日本の国民の目、あるいは耳がいま民主党政権に対して厳しいのも、同じような構図だと思うんです。民主党としてみれば、フランス革命のときと同じように、政権を取らんがために一所懸命頭をひねって素晴らしいマニフェストを出した。そのために、いま、いった通りにやれ、いやこだわるな、よくやった、いややっぱりダメだったじゃないか、とふりまわされて、おかしくなっちゃっている。ということはフランス革命同様、日本もかなり難しいところにきているんじゃないかと、唸《うな》らざるをえない。おまけに日本には珍しくというか、今回は外圧パターンでない、内発的な革命ですからね。うまくいかないからといって、他人のせいにもできません。

制限選挙について

池上　フランス革命の新政権がマニフェスト、つまり「人権宣言」を出したがために、それにしばられておかしくなってしまった例を、具体的に教えてもらえますか。

佐藤　では、もう少し「人権宣言」にこだわりますが、これ、いざ出されてから、あっと思ったというか、ハッと我に返ったというか、しまったぞと慌てた人たちも、けっこう沢山いたようなんです。貴族とほとんど一体化しながら、微妙なところで差をつけられていたブルジョワ、わけても大ブルジョワなんかが筆頭格です。なんだ、全員同じ権利かよと。いままでさんざん割を食って、やっとトップが取れたと思ったのに、今度は下に気を使わないといけないのかよと。

不満が出たために、二年後の一七九一年に最初の憲法（一七九一年憲法）が作られるんですけれど、けっきょく、「人権宣言」のときの崇高な精神は、それほど発揮されなかったんです。で、もめはじめる。

池上　ミラボーが予言した通りですね。

佐藤　そうなんです。新政権も一枚岩ではなくて、一方には現実に即した方法でやれという人たちがおり、一方には、あくまでもマニフェスト通りにやるべきだと理想に燃える人たちがいる。

池上　ちょっと前の民主党と同じですね。

佐藤　この理想に燃えた人たちっていうのが、のちに恐怖政治に突き進んで粛清の嵐を巻き起こしたジャコバン派です。

池上　具体的には、どういう点でもめたのですか。

佐藤　たとえば、選挙法です。選挙権を全ての人に等しく与えるのは近代民主主義の基本ですよね。しかし、これを制限選挙にしちゃったんです。マルク銀貨法といって、年に銀貨一マルクに相当する税金を納めていないと、選挙人や議員に立候補できない。また、納税額の多寡で市民を「能動市民」と「受動市民」の二種類に分けて、そのうち能動市民にしか投票権を与えませんでした。つまり、ある一定の財産を持っていて、ある一定の納税をしている人でないと立候補もできないし、投票もできない。そういう内容にしたんです。

池上　それは不公平ですね。

佐藤　ええ。しかし、結論を先取りしますと、このときの不満を受けて翌九二年、制限をとっぱらった普通選挙を行ったんですけど、だからといって投票率はそれほど上がらなかったんです。選挙権があっても、選挙に行かない人が多かったということです。大衆は選挙なんかしたことがないわけですから、投票の意識が低かったんです。自分が一票を入れるか入れないかで、なにがどうなるともわからなかったわけです。経験則といえば、鎌とか鋤《すき》とかをかついで暴動に参加する、つまりはバスティーユ襲撃のようなことをするのが政治参加なんだと、そういう考え方しかなかったんです。

池上　その文脈では、制限選挙ってやつもあんがい捨てたものじゃなかった。むしろ現実に柔軟に対応した方法だったというわけですね。

佐藤　そうです。ところが、ジャコバン派の議員たちは、制限選挙じゃ「人権宣言」の通りになってないじゃないかと、目くじらを立てたんです。

マニフェスト原理主義

佐藤　それから、王様があんなひどいことになっちゃったのも、ひとつにはマニフェスト、つまり「人権宣言」のせいだったでしょうね。実のところ革命を起こした側も、最初は王を地べたに引きずり降ろそうなんて思ってもいなかったんです。

池上　そうおっしゃっていましたよね。着地点としては、せいぜい立憲君主政を想定していたと。それが、共和政にいっちゃって、しまいには断頭台送りです。

佐藤　ええ。そこにはいろいろな理由があったと思うんですが、僕はやっぱり〝言葉〟に引きずられた面が大きいと思うんです。というのも、「人権宣言」で「人間は生まれながらにして自由であり、権利において平等である」と打ち上げてしまっているわけです。これを前提にすると、王という存在が説明できなくなってしまう。なぜ王だけが生まれながらに王で、国家元首なのか。国民に選ばれたわけでもないのに、なぜ大臣を従えていて、なぜ執行権の長なのか。これほど明らかな矛盾もないくらいじゃないですか。

池上　矛盾ですね。言葉の上では。

佐藤　王のほうも、議会が話しあって決めたことは「よきにはからえ」で全部通したらよかったんですけど、ときどき国家元首で、執行権の長なんだから当然だって、拒否権なんか発動しちゃうから、ジャコバン派のサン＝ジュスト(47)なんかはキレちゃって、そもそも王であること自体が罪なのだとかいいだす。「王の裁判というものは、その王が統治中に重ねた犯罪についてじゃなくて、その王が王であったという事実について行われなければならないのだ」と。市民でないなら「フランス人とフランス人を結びつけている社会契約とは全く無関係であるわけだから、市民法の原理に基づくのでなく、国際法に基づかなければならない」といって、つまりは敵兵や捕虜と同じ扱いにしろとも主張しています。まさしく暴論なんですが、「人権宣言」の精神から外れた王という存在は、そうでもしなければ、うまく処理できなかったんですね。

池上　過激ですねえ。言葉ってほんと恐いですね。二言はないといって頑張りすぎるとひどいことに。

佐藤　ええ。しかし、いまの日本でも、それは変わらない気がします。たとえば米軍基地の問題でも、「最低でも県外」といってしまったら、もう沖縄に基地は作れないでしょう？　いってしまったら引き返せない。そもそも、なんのための軍隊かとか、そもそもなぜ基地が必要なのかとか、日米安保ではない安全保障体制は構築可能なのかとか、もっと大きな議論がありますよね。なのに、県内か県外かってところに言葉が固着されて、それを破ることが、すでに政権の命取りになってしまう。

池上　もっと議論のしどころがありますよね。

佐藤　いまは民主党が責められていますが、他の党だって同じですよ。自分が政権を取る段になれば、過去に調子に乗って吐いた言葉に、同じように縛られることになるんです。天に向かってつば吐くように。

フランス革命でも、そうでした。制限選挙と立憲王政でまとめようとしたフイヤン派のことを、ジャコバン派は「人権宣言」に対する裏切りだとか、王を裁判にかけてからだとかいって責めます。次に政権を取ったのが、ジャコバン派のなかから別れたジロンド派なのですが、共和政にしたのはいいんだけれど、王の裁判をやっては拙《まず》いと気がつくわけです。いえ、そう唱えてフイヤン派を倒したからには、やらざるをえないのですが、やはり拙い、ぎりぎりの線で処刑だけは回避しなければならないと、ジロンド派はあの手この手を使う。そこで残りのジャコバン派、いわゆるジャコバン派の中でモンターニュ派（山岳派）とも呼ばれますが、その残りから非難されてしまうんです。奮闘虚しく王は殺され、そうすると、あの手この手を使った分だけ、おまえたちは反革命の輩だと、いっそう責められてしまう。

池上　「マニフェスト原理主義」ですね。そのせいで極端に走ってしまった例は、世界にもたくさんあります。

佐藤　そうですね。それを無視すれば、前いったことと矛盾しているじゃないかと責められる。責められたくないと思えば、最初から最後まで一貫した思想哲学とか、先々を見通したビジョンとかを持たなければならないんですけど、それはすごく難しいことで。

仮に可能であったとしても、言葉に縛られたが最後で、本末転倒な事態を招く危険は、やっぱり高くなるでしょうね。革命なり、改革なり、大きな変化というのは、往々にして全てをリセットして、ゼロに戻ろうとするベクトルを持ちますからね。しかし、現実を考えれば、全てをリセットするなんてできない。ゼロに戻したくもない。なのに、そのとき政治を支配しているのは、現実でなく言葉なんです。

そもそも言葉というものは、純化を志向する面があります。概念として奥行きがありますから、ひとつ言葉を発すれば、それが持っている指向性とか、自ずと含まれる意味内容とかをもって、もう次の言葉を規定してしまうんですね。そうやって言葉が純化して、純化した言葉はなお純化を求めて……。

池上　変な方向にエスカレートしていくんですね。

佐藤　最初にいったことと矛盾したくないと思うために、はじめには考えもしていなかったことをいってしまったり、いってしまったからには、やらざるをえなくなったり——。

教会なんかいらない

佐藤　もう一つ、フランス革命で大きかったのは教会の改革です。当時のフランス社会でいちばん強い特権を持っていた人たちが誰かというと、貴族よりも僧侶《そうりょ》でした。

池上　あのころのお坊さんというのはものすごい利権を持っていたそうですね。

佐藤　ええ。「十分の一税」といって、教会は自分の教区の収穫の十分の一を取りたてる権利がありました。フランスのキリスト教は基本的にカトリックなんですけど、地方の修道院などは日本でいうところの荘園のような広大な畑を持った大地主でしたし、都市の修道院などは、教会のほかに病院や薬局、学校なんかも経営していました。で、当時の国庫は大赤字でしたから、どうやって負債を補塡《ほてん》するかという話になったとき、そうだ、教会は大金持ちなんだから、あいつらの財産を国有化して売り払えということになったんです。

ところが、それを実現していく過程で、そもそもフランスにとって教会とはどういう位置づけなのか、聖職者とはどういう意味があるのかと、議論がつきつめられていきます。あげく、大々的な「教会改革」につながっていったんです。

池上　教会というのは、フランスのものというよりも、ローマ教皇をトップとする国際的な宗教組織ですよね。それを国有化って、やっぱり反発は出てくるでしょうね。

佐藤　ええ。本来的には、国がどうこうできるものではないんですけど、手をつけちゃったわけです。革命新政権が考えたのは、教会の財産は国有化する、聖職者は公務員と同じ扱いにして、国から給料を出すという線です。だから自前で教会を運営するのをやめなさいといって、「聖職者民事基本法」というものを作って、無理やり従わせようとしました。

池上　かなり徹底的ですね。

佐藤　教会や聖職者が猛反発したのは当たり前なんですけれど、これ、信者も嫌がったんです。というのも、信者は神を信じて、聖書の言葉を伝えてくれる聖職者を崇めるのであって、民主主義を信じて、「人権宣言」の言葉を教える聖職者なんかいらないわけです。

池上　民衆心理としては、そうかもしれないですね。世俗に属している坊さんの言葉などありがたくもないですもの。それで、どうなったんですか。

佐藤　法律に宣誓する聖職者と、宣誓を拒否した聖職者の二派に分かれました。新政権は最初、宣誓した聖職者だけを認めるつもりだったんですけど、宣誓しない聖職者が半数くらいもいたから、うかつに処罰することもできなくなって、困り果てた。で、どうしようかとさらにもめているうちに、そもそも聖職者という身分をわざわざ設けておく必然性があるのか、なんて唱える過激派も出てきちゃって……。

池上　落としどころは？

佐藤　カトリックを禁止しちゃったんです。

池上　はげしいなー（笑）。

佐藤　そもそもこの国にキリスト教は必要なのか。デカルトの国、啓蒙主義思想の国として、理性を重視してきたからこそ、革命という偉業も成就したのに、キリスト教なんていう中世の迷信みたいな価値観はいらないじゃないかと。

池上　敵性言語禁止じゃないですけれど、もともとカトリックの国ですから、世の中は不便なことになりますね。

佐藤　ええ、不便です。たとえばカレンダーが使えなくなりました。一週間が七日で日曜日が休み（安息日）というサイクルは、もともとグレゴリウス暦というカトリック教会の暦なんですけれども、七日単位なんて無知蒙昧《もうまい》で非合理的な発想だといって、一週間が一〇日といった十進法のサイクルを作ってしまった。暑い季節はテルミドール（熱月）で、霧が濃い季節はブリュメール（霧月）とか、月の名前も変えました。

池上　いわゆる革命暦というやつですね。

佐藤　ええ。すごく頭でっかちなことになっちゃった。あげくに、カトリックを禁止した代わりに、なにか信仰するものが必要だろうとして、最高の価値である人間の理性を崇めよとか言い出した。それを「最高存在」と呼んで盛大な祭典を企画したり。モンテスキュー、ヴォルテール、ルソーらを信奉してきた、啓蒙主義の国の誇りといえば誇りですが、それにしても極端な表れ方です。

池上　日本にはまったく存在しない歴史経験ですね。

佐藤　ええ、ありません。ロベスピエールらジャコバン派は、それから間もなく打倒されます。敗因をいえば、やっぱり、言葉しかなかった新勢力であったがゆえに、言葉にしばられてしまったということでしょうね。フイヤン派、ジロンド派、先行二派の轍《てつ》は踏まないという、意地もあったかもしれません。言葉通りのことをやろうとして、現実との齟齬が生じても、恐怖政治で無理やりに押さえこみ、どんどん現実離れしていったあげく、最後は政変を起こされてしまった。テルミドール派に倒されましたが、実質的にはジャコバン派の自爆ですよ。

ちなみに教会改革ですが、革命のときの経験がフランスではその後も尾をひいて、政教分離的な考え方につながった側面もあります。

池上　ああ、政教分離か、なるほど。私のイメージの中では、フランスってすごく政教分離が徹底しているなという感じがあったんです。フランスでは、クリスチャンの子が十字架を下げて公立学校に通うのもいけないんですよね。よく見ると十字架だったというくらいのちっちゃなペンダント程度ならいいんですけど、神父さんのロザリオみたいなのはダメだと。また、最近、ブルカ禁止法という法律ができましたでしょう？　あからさまにイスラム教徒であることがわかるような服を公共の場所で着てはいけないという。建前としては、「顔の識別ができないから」ということになってはいますが。イスラムの女の人が頭にかぶるスカーフも公立学校にかぶって行くことはできません。きびしいことというなと思って見ていたんですが、そういう過去の伝統もあったんですね。

佐藤　ええ。

池上　しかし、キリスト教の十字架がダメだから、イスラム教のスカーフもダメ、ブルカもやめろってなると、それもまた、マニフェスト原理主義みたいなものを連想させますね。じっさい、けっこう摩擦を起こしているみたいですし。ちょっとあやういですね。

ナチス、小泉、ワンフレーズ

池上　〝言葉の政治〟というところに話題を戻して、もう少しお話ししたいんですけど、たとえば、日本ではちょっと前に、小泉さんがいわゆる〝ワンフレーズ・ポリティクス〟というので話題を取りましたよね。フランス革命でも、ああいう短い言葉で民衆の心をつかんだ例はあるのでしょうか。

佐藤　ワンフレーズの政治を生み出したのは、ナチス・ドイツだと思っているんですが。

池上　そうか、ナチスだ。

佐藤　フランス革命のときの演説は、まだあれほど短くないんです。

池上　むしろ、とうとうと熱弁をふるう感じですね。

佐藤　ええ。ナチス・ドイツでは宣伝相ゲッベルス(48)が、短い言葉を何度も繰り返す方法を発明しました。短い言葉を繰り返す。しかも韻を踏めと。たとえば、有名な言葉に「ブルート・ウント・ボーデン」なんていうのがあります。英語で言うと「ブラッド・アンド・ボーダー」。

池上　血と国境。

佐藤　そうです。アーリア民族の血は大切だから国境を広げなきゃいけないと。よくよく考えたらとんでもない理屈ですけど、「ブルート・ウント・ボーデン」って、なんか響きがいいから、何度も何度も繰り返し聞かされているうちに、国民はそれいいな、正しいなと思っちゃうんです。

池上　B（ブルート）とB（ボーデン）。短い言葉で韻を踏め、か。刷りこみですね。恐いですね。短い言葉を繰り返す。ああ、そうだ、政治家の言葉にそういう短いキャッチフレーズのようなものが登場したのは、たぶん、放送メディアと関係していますね。ナチス・ドイツのときもラジオができていましたし。

演説の映像と音声の要所要所を、バチ、バチ、と切って使うことを、「サウンドバイト」というんです。バイトというのは、「嚙《か》む」という意味ですけど、嚙みつくように「切る」という意味もあって、映像を言葉にあわせて切る。だらだらした長い演説は短いニュース映像の中では使えませんから、二〇秒から三〇秒の、ピタッと決まったセリフのところだけ切って使うんです。

佐藤　へえ。

池上　面白いことに、メディアがそういう使い方をしていたら、今度は政治家のほうが、そういう編集のされ方にあった短いセリフを考えてしゃべるようになったんです。

佐藤　なるほど。放送の形式に即した言葉づかいに変わっていったわけですね。

池上　ええ。相乗効果で。政治家がテレビの放送を見て研究するようになった。二〇秒以内でばっちり決まったコメントをちりばめれば、ぜったい使ってもらえると。

佐藤　しかし、そうやって大衆受けする方向ばかり狙《ねら》っていくのも、考えものですよね。

ナチスなんかは典型的にそうでしたけど、ウケを狙いすぎると、間違った方向にいったときに修正がきかない。それにウケといっても、つまりは素人ウケなわけですから、政治が雑になる、ときには乱暴にもなってしまう気がします。

池上 そうですね。いままでも何度か言葉が出てきた〝英雄待望論〟というのがありますけど、たとえば、どうにもならない閉塞状況に陥ったとき、言葉づかいの天才みたいな独裁者が現れると恐いですよね。その人間が排外主義的な、たとえば、中国許さずとか、ロシア許さずみたいなワンフレーズをバチバチ決めていったら……。

佐藤 危ないですね。

ポピュリズムの起源

池上 そういう関連でいいますと、政治の言葉とポピュリズムの問題もありますね。フランス革命はマニフェストが大きな要因となって、途中からおかしな方向に走ってしまったわけですけど、どこかの時点でポピュリズムに走っちゃったために制御不能になったというような見方もできますか。

佐藤　そういうとらえ方もできるでしょうね。

池上　大衆とともに暴走することになった瞬間は、どこだったんでしょう。

佐藤　やっぱり、前半戦と後半戦の端境期のところでしょう。パリ市民はバスティーユを落として以降、なにか不満を感じるたびに議会に押し寄せて圧力をかけるようになっていたんですけど、最初のころはミラボーみたいな政治家が、その圧力を受けとめて、うまく受け流していたんです。

池上　つまり、ポピュリズムに流されずに、うまくハンドルしていたのですか。

佐藤　ええ。ミラボーさんが話を聞いてくれた、ミラボーさんに任せておけば大丈夫だ、なんて雰囲気にして引き揚げさせて、ところがミラボー自身はあくまで自分の政治を貫くと。ところが、そのミラボーが死んでしまって、直後に王が国外に逃亡する事件が起きて、民衆の怒りのエネルギーが一気に噴出したわけです。そのとき残っていた政治家のなかに、それを制御できる人がいなかったんですね。後を継ぐ形になったのがラ・ファイエットや三頭派、つまりはフイヤン派でしたが、これは大衆から距離を置きました。まったく聞く耳を持たず、無視したというほうが正しいかもしれない。大衆のほうからは当然不満の声があがりますが、それに自分たちの声を乗っけて、うまくのしあがっていったのが、それまでの野党というか、主導権を取れていなかった一派なんです。

池上 それが、ジャコバン派なんですね。

佐藤 ええ、ダントン(49)であり、マラであり、ロベスピエールです。そこから議会の政治じゃなくて、大衆政治に入っていった感があります。ジャコバン派のなかにも、議会政治派、大衆政治に後押しされた議会政治派、大衆政治派と分かれて、なお単純ではないのですが、それでもポピュリズムの傾向は否めなくなりますね。

池上 大きな改革の中では、必ずどこかでポピュリズムというのが出てくるんですよね。たとえば現代の中国についてもそう思います。中国政府は、尖閣《せんかく》諸島の問題をめぐって微妙な動きをしましたけれども、彼らのトップは、ものすごくポピュリズムなんです。というのは、彼らは共産党の内部で引き上げられてきたわけで、国民の選挙で国民に選ばれたわけじゃない。しかし、人民代表という建前があるから、逆に気になるのでしょうね。

昔だったら、人民の声なんてものは全部つぶされていたんですけど、これだけネット社会になったら、幹部が世論を操作するなんてことはもうできない。「政府の日本への対応が弱腰だ」と誰かがネットに書き込んだら、一瞬にしてみんなが見るでしょう？

佐藤　見ますね。

池上　ネット世論っていえば、代表的なのは「2ちゃんねる」ですが、われわれ日本人は、2ちゃんねる世論だけがすべてではないことを知っている。選挙で決める世論があり、いろいろな新聞社やテレビ局による世論調査があり、そういうものと2ちゃんねるは別物だということを知っています。

佐藤　しかし、中国の場合は、ネット世論一筋になっちゃうんですね。

池上　ええ。ですから、先般のAPEC[50]首脳会議のときも（二〇一〇年一一月一三日）、菅さんと顔を合わせた胡錦濤《こきんとう》がものすごく険しい顔をしていたので、日本の報道陣はどよめいたんです。ところが、それは中国国内に流す映像用の顔で、カメラがいなくなったら、急ににこやかになった。まさにポピュリズムに動かされている。

佐藤　面白いですね。

池上　話を戻しますと、いまのポピュリズムは、一種の極限形みたいなところまでいっちやってますけれど、大本をたどっていけば、もしかしたらそれも、フランス革命の中盤、一七九二年ごろに原型があるのかもしれないですね。

メディアたちのいけいけどんどん

佐藤　ポピュリズムとの関連でいうなら、フランス革命の時代はメディアにも大きな動きがありました。つまりはジャーナリズムの登場ですね。

池上　ジャーナリストとして、たいへん気になる話題ですね。

佐藤　革命の前は、いわゆる〝官報〟みたいな、王様の宣伝のための新聞しかなかったんです。それが革命を境に、発行者が自分の主義主張を述べるような新聞が一気に増えました。まあ、当然といえば当然です。前にもいったように、人材は文学から政治に流れてきたわけですからね。それも大衆に訴えかける術に長けた連中なわけですからね。実際のところ、革命家の多くが新聞を出していました。ミラボーの「全国三部会新聞」はじめ、ブリソの「フランスの愛国者」、マラの「人民の友」、デムーランの「フランスとブラバンの革命」などなどです。こういった新聞を通じて、はじめて世論といったものができる。

池上　世論ですか。

佐藤　ええ、今は普通に世論といいますが、この政治文化なんかもフランス革命の前にはなかったんです。よくよく考えてみれば、あるわけがない。それまでの絶対王政は密室政治でしたから、大衆がなにをどう考えようと一切関係ないんです。ところが革命のときに、今なにが起きていて、どういう意味があり、どうするべきかと語りかける新聞が登場したため、大衆は政治を考えられるようになるんです。バスティーユの成功体験がありますから、考えたって無駄だとも思わない。あげくに世論を形作られてしまえば、これを権力者は無視できなくなるわけです。すぐに行動されちゃいますからね。

池上　ポピュリズムに突入する前提ができるわけですね。

佐藤　ええ、とはいえ、はじめのうちは主に知識階層に向けたものばかりでした。のちに暗殺されるマラが発行していたような新聞、これなんかは大衆向けのところもあったけれど、マラ自身がインテリでしたから、やはり知的レベルは高いんですね。こうした状況が段々と変化して、あまり教養のない人たちでも読めるような大衆新聞が現れた。大衆主導の政治を唱えたエベール[51]という革命家がいますが、このエベールが発行した「デュシェーヌ親爺」なんかは、まさにパリっ子の言葉で書かれていて、しかも世相を茶化したようなところがありました。

池上　言文一致のタブロイド的な新聞ですか。

佐藤　毒舌調といいますか、当時の下町言葉なんかも多用されていて、フランスではそれを読み解くための辞書が出ているほどです。時代が変わると、同じ国の人間でも読めないほどの言文一致だったわけです。そういう新聞が登場して爆発的に売れる。で、まさに2ちゃんねる世論みたいなものが、ひとつの勢力として物凄い力を持ったんです。持ちすぎて、ロベスピエールに睨まれて、結局エベールも粛清されてしまいます。

池上　マスメディアって、社会の混乱とポピュリズムに乗じて発展していくんですよね。日本の新聞が発展したのも、日中戦争がきっかけなんです。その少し前の満州事変のころまでは、「東京朝日新聞」も「東京日日新聞」も、大陸での日本の軍事行動を戒める論調だったんです。それが、いざ日中戦争が始まって報道を始めたら、爆発的に売れはじめた。で、売れるんだったら書いちゃえってことになって、あとはもう、いけいけどんどん。

「大阪朝日新聞」などはとくに、最初は満州事変に批判的だったんです。そしたら、軍人や家族の不買運動が起こった。するとコロッと態度を変えて、勝った、また勝った、と書きはじめた。そうしたら、売れる、売れる。で、売れるんだったらいいじゃないかで、またいけいけどんどん。メディアも政治家もそういう報道に押されて、一直線に激しいほうに進んでいったということはいえますね。

佐藤　時代や場面は違えども、ものごとはなぜか同じような形で展開しますね。

池上　日中戦争も、フランス革命も、言葉に乗せられて、最後にはすごいことになってしまいました。

裏切られた革命

池上　さきほど佐藤さん、おっしゃってましたね。最初はそんなつもりじゃなかったのに、どんどん違うことをいうはめになり、どんどん違うことをやるはめになってしまうことがあると。

佐藤　ええ、最初は崇高な理想を追っていたのに、結果としては、理想とまったく違うことをやってしまうとか、そういうことはありますね。最初から意図していたわけではないのに、結果からみれば、ぜんぶ裏切られているという。後の独裁者ロベスピエールにしても、革命初年の一七八九年には、独裁の危険ありなんて、ミラボーを非難して、その大臣就任を阻もうとしていますからね。

池上　トロツキー[52]に『裏切られた革命』という本がありましたけど、まさにそれですね。革命でも改革でも、最初から悪くしようと思ってやっているわけじゃないのに、最後には……。フランス革命もまさにそうでしたし、ここで対比として出していいかわかりませんけれども、イラン革命などもそうだったと思います。〝アメリカの犬〟になった奴はダメだとかいって、イスラム原理主義とマルクス主義と民主主義が手を組んでパーレビ国王の旧政権をぶっ壊したんですよね。そこまではまあまあいいとしても、その後、新政権の中で原理主義が力を持って、他の勢力を皆殺しにしていった。クレーンの先にひもをつけて、首を引っかけて吊《つ》りあげて、要するに、フランスでいうところのギロチン。あれはすさまじかったです。

佐藤　衝撃でした。それまで歴史というのは前に進むものだと思ってましたけど――。

池上　むしろ逆行するような形ですね。何世紀も昔に戻っちゃった気がしました。いまにして思えば、あの革命にもいろんな解釈ができるんですけど、西洋の近代史の常識からすれば絶句するような事態でした。お坊さんがすべての政治を治める究極の〝政教一致政権〟ができちゃったんですから。フランス革命も別の面で、同じようなことがいえますね。

佐藤　ええ。

池上　それを考えますと、二〇一一年一月から始まった「北アフリカ・中東革命」も、そのうちに変質してしまうのかもしれません。当初は民主化を求める革命として始まりましたが、イスラム原理主義勢力が台頭すると、どうなるか、わからない。

そういうことがあるからこそ、政治の言葉ってやはり重要です。そういえば、薩摩《さつま》の言葉に「議を言うな」というのがあるんです。つべこべ言うなという意味で、男がいろんなことを語ろうとすると、「議を言うな」と封じる。「男は黙ってなんとかかんとか」というのに近いですね。そういう薩長によって、その後の日本の政治は作られたんですけど、五・一五事件のとき、犬養毅《いぬかいつよし》（53）は「話せばわかる」と言ったんです。

佐藤　少なくともその後、そのくらいは進みました。

池上　ちょっと象徴的ですね。で、いま、言葉の力を信じて、言葉の力を使う政治家が増えてきた。日本人はもともとしゃべりはうまくないいんだけれど、最近はずいぶん変わって、総理大臣の所信表明演説でも、鳩山さんのとき、おおっと思いました。あれは、劇作家の平田オリザさんが文章を書いたらしいですね。

佐藤　そうなんですか。

池上　文体という側面では、その前の麻生さんの演説でも、私はかなりびっくりしました。歴代の総理大臣とはかなり違っていた。

佐藤　アメリカのオバマ大統領の就任演説も印象的でしたね。

池上　あれは非常に優秀な若いスピーチライターが書いたということです。どういうふうに言ったら大衆にアピールするか、ものすごく計算して作られたといいますよ。

佐藤　そういう意味では、言葉一つでいかようにもなるといいますか。

池上　そうですね。だから、佐藤さんもそうだし、僕もそうで、政治家ではないけれども、言葉の世界に生きているではないですか。一般の人たちに向かって言葉を発する仕事をしている。それだけに、言葉の力を信じたいし、大事にしたいと思いませんか。

佐藤　切実に思います。

終章　日本は後半戦に臨むべきか？

進みたくない、戻りたくない

池上　さて、これまでのお話で、日本の革命はいつもおおむね二分の一で進んできたということを見ました。

明治維新は江戸二六〇年間を終わらせて、わりに平和的に二分の一でおさまりました。敗戦後のＧＨＱ革命は上から巧みにコントロールされつつ、二分の一で終わりました。私の時代の一九六八年革命は、そのまま発展すればフルサイズまでいったかもしれなかったけれども、やっぱり二分の一で退潮しました。そして、その後、王権神授的な自民党政権がずっと続いた。

しかし、その長期政権もついに交代して、革命はいままさに二分の一まで来た。さあ、これからどうするか、ということでした。これまでと同じく二分の一でとどまるのか。それとも、フランス革命みたいなフルサイズを狙うのか。

佐藤　あるいは、四分の三くらいをめざすのか。

池上　まさにその分岐点に来ているというわけですね。そもそも、民主党への政権交代がなぜ起こったかといいますと、その前の自民党末期に、小泉さんたちの改革があったけれども、いっこうにいい世の中にならなかった。景気は好転しない、失業率は上がる一方、年金や医療の負担も大きくなって、生活は苦しくなるばかり。そういう不満、きしみのようなものがマックスになって、もう我慢ならない、いい加減にしろ、ということで、政権交代がなったんだと思います。

佐藤　そうですね。臨界を超えて政権交代がなった。けれども……。

池上　やっぱり期待はずれだったかなと、みんながいま思いはじめているんですね。経済も雇用情勢も福祉も社会保障も相変わらず。しかし、じゃあ小泉さんの新自由主義のようなものに戻るのかといったら、そこにも戻りたくないんです。

佐藤　そう、そっちもいやなんですよね。

池上　ええ。で、すごく手づまり感が出ている。それがいまの状況ですね。加えていうならば、対外的にもいろんな問題が出てきて、中国やロシアとの関係も雲行きがあやしい。そういうときに考えられるシナリオの一つは、残りの二分の一に突き進んでみることです。

けれども、どうなんでしょう。見渡してみると、そういうエネルギーも、もうあんまりないようにも見えるんですね。妙に元気がない。

佐藤　ないですねえ。

池上　いままでの日本の伝統を見ると〝待ち〟のパターンがほとんどです。自発的に行動を起こすってことが、そもそもなかった。なんらかの脅威がやってきたために、いやおうなく動かされたとか、しかたなく重い腰を上げたとか、だいたいそういう形ですね。明治維新は黒船が来たから起こったのだし、GHQ革命は占領軍が来たから起こった。しかし、その方式で、いつも棚ぼた式にラッキーな思いをしてきたので、ヘタに動くより待ってたほうがいいと思うのかな。ただし、二〇一一年三月に起きた東日本大震災と、それに続く福島第一原発の事故を受けて、政府は、そして日本の国民は〝待ち〟ではいられなくなった。この衝撃は大きいですね。これが、日本人そして日本の政治家の精神構造にどういう影響を与えることになるのか……。

革命三段階論

池上 そういえば、佐藤さん、歴史上の大きな改革は一人によってなしとげられることはなく、たいてい三人でなしとげられているというお話を、以前なにかの講演でなさっていたでしょう。ローマ帝国と、日本の戦国時代の例をあげられて。

佐藤 「破壊」と「まとめ」と「創造」の三拍子ですね。

池上 それ、説明していただいていいですか。

佐藤 はい。封建制でも、王政でも、中央集権でも、なんでもいいんですが、従来の政治体制をがらっと変えてしまうような大改変の場合、一発でリニューアルできることはまずなくて、何段階か必要なんですね。まずは、それまでの体制を破壊する作業がいる。すると、そこで必ず大混乱が起こりますから、その混乱をいったんおさめるプロセスがいる。しかるのちに、新しい体制を構築していく。変革には破壊、まとめ、創造と三要素あって、それが三人の三段階で進められるわけです。

池上　なるほど。それを、古代ローマと日本の戦国時代でいいますと？

佐藤　古代ローマは、都市国家の共和政から一人の君主が全土を統べる君主政に変わることで大帝国になっていったんですけど、その変革は破壊者のカエサル[54]、まとめのアントニウス[55]、創造者のオクタヴィアヌス[56]、つまりは初代ローマ皇帝アウグストゥスの三人でなされました。群雄割拠の中世から天下統一の近世へ移り変わる日本の戦国時代は、ご存じのように、織田信長がそれまでの体制を破壊し、豊臣秀吉がその後の混乱をまとめ、徳川家康が江戸の幕藩体制を作ったと、そういう三拍子になってますね。破壊者は後世の人気が高く、まとめ役はクレオパトラとか淀殿とか、なぜかファム・ファタルもいたりして、なんだか妙に華がある、反対に創造者はひどく地味で、じっくり熟考するタイプと、三者三様の個性も似通ったりしています。

池上　きれいに説明できますね。

佐藤　ええ、でも、いつもこんなにすっきり説明できるわけじゃなくて、たとえばフランスの場合などは、三拍子に当てはめにくいんです。あえていうとすれば、今回お話しした一七八九年から一七九九年の革命全体が最初の破壊の段階に相当して、その後のナポレオンの帝政の時代がまとめの時代に相当して、その後、王政復古、七月王政、第二共和政、第二帝政……と二転三転して、最終的にいまの大統領制に落ち着くまでの、半世紀以上かかった紆余曲折の期間が、長い長い創造の段階だったということになるんだと思います。フランスには家康やオクタヴィアヌスみたいな、確実に新体制を創造できる〝三人目〟がいなかったともいえるし、すでに最初の革命の段階で、新時代の創造に手がつけられていたともいえる。

池上　これまでのお話でいくと、革命二段階論だったんですけど、いまのお話は三段階論。では、三段階論で見た場合、いまの日本の状況はどのあたりなんでしょう。

佐藤　やっぱり半分でしょうか。政権交代という破壊のあとの混乱を、なんとかまとめようとしている段階だとすれば……。けれど、ある意味、いちばんもやもやしていて、気持ちが悪いところですね。だから、ナポレオンみたいな華のあるヒーローに、なんでもいいから強引にまとめてほしいと考えてしまいがちなんでしょう。

池上　どっちにしてもいちばん中途半端なところなんですね。

佐藤　ええ、端境期の、中途半端なところです。だから、フランス革命もそうでしたけど、なにかここで突発的な事件——、外圧でも、あるいは国内の事件でもいいんですけど、そういうものが起きたらわからない。

佐藤　ええ、起きました。東日本大震災が起きてしまいましたね。

池上　それ、起きましたね。

戦争の効用？

池上　では、二分の一までできたわれわれの革命の、今後の見通しを展望してみたいと思います。東日本大震災が起きてしまって、今後の見通しは極めて不透明ですが。どのあたりに問題があって、これからわれわれはどうすればいいのかみたいなことを、歴史になぞらえつつ。

佐藤　はい。

池上　佐藤さんは、日本はいままとめているところだとおっしゃった。フランスではナポレオンがまとめ役を務めたんですけど、われわれのいまの状況と見比べて、なにかご意見がありますか。

佐藤　安直にナポレオンに学べ、とはいえないことでしょうか。

池上　それはどういうことでしょう。

佐藤　フランス革命の根本的な原因は、深刻な財政難でした。端的にいって、その問題を解決できなかったからルイ王朝は倒れた。だから、ほんとからいったら、革命のあとは財政を立て直すことを第一に考えなくちゃいけなかった。なのに、先にも少しいいましたけど革命新政権は戦争を始めたんですね。もちろん、勝てば相手国からお金を取れますけど、非常にハイリスク、ハイリターンな博打みたいな方法で。おかげでフランスは内憂外患のたいへんな状態になりました。ロベスピエールの恐怖政治も、そういう非常時だからということで容認されたのです。ある程度は功を奏して、戦局を好転させたけれど、政治は息苦しくなったということで、クーデタが起きる。それでも戦争は終わりません。それどころか、いっそう泥沼の状態になる。こういう滅茶苦茶な状況の中から、たまたまナポレオンという軍事的天才が出てきて、戦勝、戦勝で戦利品は持ち帰るわ、賠償金は取るわで国庫を潤すことで、怪我の功名的に革命後の混乱を治めてしまった。

池上　フランス革命が終わったのは、けっきょく戦争のおかげだった。

佐藤　そうなんです。フランスの場合は皮肉にも、そういう結論になっちゃうんです。

池上　そういえば、現在の不況は一〇〇年に一度の不況、すなわち一九二九年の世界恐慌以来の不況といわれていますよね。その世界恐慌は、ルーズベルトがニューディール政策(57)を始めたために持ち直したとされていますが、じつはそうではなくて、その後、第二次世界大戦が起こったからだという説もあるんです。

佐藤　そうですね。日本の場合も、朝鮮戦争のときの特需景気、ベトナム戦争のときのベトナム景気というのがある。戦争が経済を好転させることは、一面の事実なんです。

英雄待望論を捨てる

池上　だからといって、戦争をしてよかったとは絶対にいえないし、戦争に学べともいえないですけど。

佐藤　そうなんです。だから、フランス革命のパターンは参考にならないかなあ、不気味なくらいに似ている、似ていると騒いできたけれど、ナポレオン時代に移り変わるところは比べようがないのかなあと思っていたんですが、その戦争に相当するような大事件が、またしても日本に起きてしまいました。

池上　それが東日本大震災だと、なるほど。

佐藤　まさに国家的な危機ですよね。ここで扱いを間違えれば、日本は破滅しないともかぎらない。けれど、不謹慎な言い方になってしまうかもしれませんが、ある意味ではチャンスでもありますよね。まずは経済的なチャンス、これから震災復興のために、莫大な金が使われます。その金をどこからもってくるか、これまた大問題なわけですが、ひとまず脇において話せば、その金で沢山の働き口が生まれますよね。低迷続きだった日本の景気が、これで再び動き出すかもしれない。

池上　なるほど。

佐藤　また東日本大震災では、福島の原発事故も起きました。放射能の問題についても、関心が高くなりましたが、ただ学者先生に解説してもらっていても仕方がない。この痛い、痛すぎる経験を、ただ痛い、痛いで終わらせては、本当に仕方がないわけです。徹底的に反省して、徹底的に分析して、徹底的に対策を考えて、そのなかから新しいビジネスを生み出すことだってできるだろうと。例えば放射能除去ビジネスであるとか、原発トラブルのコンサルタント・ビジネスであるとか。原発は外国にもあるわけですから、日本は反原発を切り札に国際社会に乗り出していくこともできる。今回の原発事故では、エネルギー問題全般についても意識改革を迫られることになりましたが、この分野にだって、太陽光パネルとか、LED電球だけじゃなく、チャンスの芽は無数にあるんじゃないでしょうか。

池上 政治的には?

佐藤 さっき戦争は学べないといいましたが、そんなナポレオンの歴史からも引き出せる教訓はあると思います。それが政治的な効能で、いいかえれば当時のフランス国民が、あれだけの高い権利意識に目覚めた理由ですね。それこそ、まさに戦争に参加したためだったんじゃないかと。

池上 なるほど、そっちの話ですか。戦争によって国民の意識が変化した。

佐藤 それまでの戦争というのは、基本的に貴族がやるものだったんです。貴族が軍人として戦争して、国を守る。だからいばるし、いばられても仕方がないと思う。平民は貴族に従い、守っていただいているのだと頭を低くするしかなかったわけです。ところが、革命で身分差別をとっぱらわれて、みなが平等になったら、国を守るのも戦うのも自分たちの責任だってことになったでしょう？　一人前の権利を与えられてるんだから、義務も果たさなければいけないと。

権利だの、なんだのといって、フランス革命の話って、実は全て女性抜きです。制限選挙も、普通選挙も男性の話で、女性は端《はな》から問題外。もちろん当時から不満を表明した女性活動家はいて、こういった人たちの影響もあって、革命戦争では女性たちも多くが進んで義勇兵になったという事実があります。権利がほしいといったからには、義務も果たそうじゃないかと、女性たちまで本気で考えた時代なんです。今の日本じゃ、とても考えられませんよね。男女雇用機会均等法はできても、男女徴兵義務均等法はできないでしょう、仮に徴兵制ができたとしても。

池上　なるほど。

佐藤　とにかく、フランス革命では意識改革が起きたんです。で、戦争に行きますと、戦場というのは危険なところですから、また大きく意識が変わると。要するに、国難への参加意識がすごく出た。そこへナポレオンが登場した。戦上手ですから、さっそうと敵を落として、喝采を浴びた。兵隊たちは、自分の問題として危険な戦争に参加しているわけですから、そういうところで自分たちが選んだ英雄が、即、国の英雄になってもいいという発想になっていく。これが、ナポレオンという人物があの時代の英雄になった流れなんです。ナポレオンといえば救世主的なイメージですが、フランスの英雄は日本でいうところの〝英雄待望論〟の英雄とは、ちょっと違うんです。

国民に話を戻しますと、戦争に行って、参加意識を高めて、それだけじゃなく、自負や自覚だって強烈になるわけです。つまり、自分は命を張って国のことを考えている。危険をおかしているんだから、自分の権利も主張していいという発想になる。これが戦争の政治的効能ですが、いまの日本人はそうじゃありません。人権というのは生まれながらにして備わっているものだと思っている。権利を得るためには、それに対する義務もあるし対価も支払わなければならないという気持ちが薄いんですね。そこが、政治への参加意欲が低い理由かなと思うんです。

池上　なるほど。

佐藤　それがいいことか悪いことかっていうのは、また別な議論だと思いますが、やっぱり社会は自分たちが作ることによって成り立つのだという意識を、どこかで持たなきゃいけない。

池上　要するに、みずから参加することが重要だってことですね。人任せで見ているだけでなく、待っているだけでなく。

佐藤　そうです。だから、なんらかの痛みとか犠牲とかを払って、その対価として権利を行使するんだっていう意識を持つ、そのための体験が必要なのかなあと思ってきました。けれど戦争をするわけにはいかないし、また日本で徴兵制を復活させても、社会への参加意識を高めるとは思えないと。そこに起きたのが、東日本大震災だったんです。

これは、もう、参加意識を持たざるをえませんよね。津波の被災現場をみて、戦後の焼け野原のようだと評したレポーターがいましたが、まさしく戦争と同じくらいの惨事です。いや、自分には関係ない、小遣いで募金して、もう終わりと考える人もいるかもしれませんが、残念ながら現実逃避でしかありません。今回は東北、関東だったけれど、土台が地震大国ですから、同じような惨劇が日本全国どこで起きても不思議ではない。加えるに、原発事故です。放射性物質が風に流されて、いつ飛んでくるのかわからない。あるいは海を介して運ばれてくるかもしれない。西日本の感覚では福島は遠い、そんなの東京までの話だというかもしれませんが、原発そのものは西日本にもある。地震が起きる可能性があるなら、また原発事故が起きる可能性もある。もう、否応ないんです。全ての日本人が参加せざるをえない状況になっているんです。

参加する

池上 いま、歴史的には、戦争が不況の特効薬になってきた側面があるという話が出ましたけど、他国との経済的な関係がここまで緊密になった時代を生きるわれわれは、万に一つも、じゃ戦争やりましょうとはいえない。では、これからどうやってこの深刻な財政を立て直していくのか。経済の問題は〝二分の一〟の先行きがどうなるかという鍵もにぎっているように思うんですけど、どうでしょう。

佐藤 第一義的には、震災復興はチャンスだけれど、そのためのお金、もともとの財政出動をどうするかという話ですね。増税にするか、国債を発行するか、議論は分かれると思うんですけど、最終的には無駄を省く、予算を組み直す、そして、やっぱり国民の税金で、きちんと借金を返していくと、地道にやっていくしかないでしょうね。税金ももう増やしどころが難しくなっていますけど、税金が取れるということは、国に力がある証拠でもありますから、国民みんなが知恵を出していかなきゃいけない。

池上 正攻法ですけど。そのあたりしかないでしょうか。

佐藤 ええ。覚悟はしなければならないでしょう。仮に「復興景気」というようなものがあるとしても、それで日本が永遠に救われるわけではないと思います。なんだか希望のない、ちょっと嫌なことをいいますけれども、これから半世紀ぐらいは、ものすごい少子高齢化になって、統計上、若者一人が老人一人、あるいは二人とかを養わなきゃいけなくなりますよね。これなんかも、ちょっとした「戦争」です。復興とか、あるいは子供の教育という話なら、輝かしい未来を夢みることができる。けれど、高齢者の介護は、そういう明るさがないわけです。もの凄くしんどいばかりという話なわけです。そういう社会を否応なしに与えられ、どれだけ嘆き悲しもうと、自分たちは維持していかなければならないんだって、そういう覚悟をしなければならないんです。

池上 そのとおりですね。

佐藤 そのときにも、自分たちはこれだけ重い負担を背負っているんだから、当然政治に参加する権利があるというふうに思ってほしいんですね。だって、すべての人に立候補する権利があり、投票する権利があり、いろんなことを主張する権利があるんです。ところが、今はどう見ても〝権利〟を行使するという感じじゃなくて、できれば参加したくないとか、見ているだけでいいとか、誰かやってくれみたいになっている。そうじゃなくて、これは自分の権利なんだというふうに思ってほしいと。政治が悪いことをしたり、いい加減なことをやったりしたら、怒ってほしいと。それも、きちんと行動してほしいと。

池上 権利意識を持って立ち上がれと。

佐藤 はい。いずれにせよ、なにかと引き換えにするというんですか、身銭を切る、痛い思いをする。そういうプロセスも多分必要なんですよ、日本という国が活力を取り戻すためには。

小器用にまとめない

佐藤　それで、再び革命の話です。さっき、いま日本は革命の中盤でまとめようとしているところだと申し上げたんですけど、それに関連して、もう一言つっこんでいいますと、ヘタにまとめようとしないほうがいい、ということです。

そういうときって、派閥がくっついたり離れたり、すりあわせたり、けんかしたり、結構もめちゃいますね。で、必ず調整役の人が現れて、非常に気持ちの悪い中間地点に落ちつかせちゃったりするんです。

池上　ナベツネ（渡邉恒雄・讀賣新聞会長）みたいな。大連立にしようとする（笑）。

佐藤　フランス革命の前半戦でいえばミラボー。中盤以降では、ジロンド派とジャコバン派をまとめようとしたダントンという人がいました。歴史の「もしも」としてよくいわれるのは、あのときミラボーがまとめていたら、国王は処刑されずにすんだんじゃないかとか、あるいは、あのときダントンがまとめていたら、恐怖政治までいかなかったんじゃないかとか。

池上　彼らの働きが奏功していたら、わからなかったと。

佐藤　ええ。でも、そうやって紛糾したときは、無理してまとめようとしないほうがよかったりするんですね。僕個人の意見でいえば。もちろん、丸く治めることも大事なんですけど、巨視的に見た場合は、なんの解決にもなっていないことが多い。というのも、まとめのキャラクター、華やかな人気者ですけど、それってそんなに沢山はいないんですよ。今の日本に最もいないタイプの人間かもしれない。まとめの段階だとはいえ、そのまとめもうまくいっている感がないのは、そういった政治家の個性も無関係じゃないかもしれないけれど、まだまとめる段階じゃないのかなと思うこともあります。まとめるもなにも、それ以前に破壊が不十分なんじゃないかと。

僕は、煮詰まって、どうにもならなくなったとき功を奏するのは、破壊のパターンだけじゃないかとすら思っているんです。たとえば、マニフェストにしばられて、その言葉通りにやらなければならなくなるなら、場合によっては覚悟してやってみてもいいんじゃないですか。最初の想定以上にエスカレートしちゃうこともあるかもしれませんが、それでも壊しつづける意味はたぶんあるんですよ。

池上　そうかもしれませんね。フランス革命だってそれだけを見れば失敗例かもしれませんけれど、長いフランス史全体からすれば、現体制に至るために必要なプロセスであったといえる。織田信長の破壊だって日本史全体からすれば、やっぱり必要なプロセスだったんですから。

佐藤　ええ。せっかく半分まで来たんですから、ここで小器用にまとめたら、挫折以外のなにものでもないと思うんです。多少暴言ぎみですが、ぐずぐずして、いつまでも変わろうとしないので、自然のほうが業を煮やして、前代未聞の地震で街や施設、道路や建物だけじゃなく、社会そのものの破壊を先行させたと、そういう面もある気がします。

歴史は未来を照らす懐中電灯

池上　今回、フランス革命のことをずいぶん教えていただきましたけれど、つくづく思ったのは、政治家はやっぱり歴史に学ばなきゃいけないということです。考えれば考えるほど現代につながって、面白かったです。

佐藤　僕も面白かったです。

池上　そもそも、われわれがなぜ佐藤さんのお書きになるような歴史小説を読むかというと、一つはもちろん、面白いからです。人間のエンターテインメントとして面白いからです。でもそれだけじゃなくて、もう一つは、歴史を学べるからなんですね。歴史というのはそのまま同じ形では繰り返さないけれど、同じ人間である以上、同じような状況になれば同じような行動をとる。その教訓のようなものが読み取れる。それがまた、現代につながってきて、これから現代を生きるうえでの指針になり、参考になる。そこのところが面白いから読むんですね。

佐藤　まさにそれじゃないかと思います。そのために、僕も勉強し、書いています。

池上　過去の歴史を見ることによって、未来への大きなライトにはならないまでも、暗闇《くらやみ》の未来を照らす懐中電灯くらいにはなると。たとえば、いま、中国政府はなぜこんな要求をしてくるのかと思うとき、その答えは歴史をさかのぼった過去の中にあるんです。現在の問題は過去につながっていて、過去の問題は現代につながっている。

二〇〇年も前の西洋と、現代の日本。ちょっと見には無縁と思われるものに、ものすごく近いものがあって、共通項がある。フランス革命なんてものが、二一世紀の日本にこんなに呼応することに、驚きました。ましてや佐藤さんはお書きになっている本人ですから、そういう可能性をますます感じつつあるんでしょうね。

佐藤　ものすごく感じますし、学ぶことも多いですね。さきほど池上さんもおっしゃったように、フランス革命というのはフルサイズの革命として見た場合は、成功例ではない。むしろ失敗例ですよ。しかし、そうであるならば、それに学んで、その失敗を念頭に置きつつ、別の形のフルサイズの革命に持っていってもいいじゃないですか。

池上　自分たちが成功例を作ってやろうじゃないかくらいの気持ちで——。

佐藤　そうです。けっこう勇気がいることですけれど。

池上　少なくともいま自分たちが二分の一に来ているんだという自覚は持ったほうがいいですね。歴史的な立ち位置は自覚したほうがいい。

佐藤　ええ。それから最後にもう一つ、歴史から学ぶことの効用をいいたいと思います。それはなにかというと、僕は人間って基本的にわからない生き物だと思うんです。人間とはこういうものだ、ああいうものだって、まことしやかにいろんなことがいわれますけど、最終的にはわからないと思う。じゃあ、どうしたらいいかというと、人間は過去になにをしたのかという事実を知るしかないと思うんです。それが、つまりは歴史です。人間が遺《のこ》したたくさんの事実の中から、人間の姿を見極めて、その事実のいちばん面白いサンプルとして、僕は歴史を書いています。フランス革命の激動の歴史などは、その最たるものだと思います。だから、人間とはなんだろうと疑問に思ったとき、いちばん頼りになるものとして、歴史を読んでいただけるといいかなというふうに思います。

池上　ほんとうですね。

佐藤　池上さんは、僕の作品に学んだといってくださいましたが、僕のほうは池上さんの広範な知識と、その広範な知識を縦横無尽につなげてみせる発想の豊かさに、ものすごく教えられました。

池上　こちらこそ、すごく勉強になりました。またお話ししましょう。

佐藤　ぜひ。楽しみにしています。

【関連年表】

胎動期

1774年5月10日	フランス王ルイ一六世が即位する
8月24日	テュルゴが財務総監になる
75年4月19日	アメリカ独立戦争が始まる
76年5月12日	テュルゴが財務総監を解任される
77年6月29日	ネッケルが財務長官になる
78年2月6日	フランスはアメリカと同盟する
81年5月19日	ネッケルが財務長官を解任される
83年9月3日	ヴェルサイユ条約、アメリカの独立が承認される
11月10日	カロンヌが財務総監に就任する
	〜アイスランドのラキ火山が噴火〜
87年2月22日	名士会議の召集、カロンヌ提案は否決される
4月8日	カロンヌが財務総監を解任される。後任にブリエンヌ
88年5月8日	ラモワニョンの司法改革発令
8月16日	国家の破産が宣言される
8月24日	ブリエンヌが財務総監を解任される
8月26日	ネッケルが財務長官に復職する
	〜フランス全土で大凶作〜
89年1月	シェイエスの『第三身分とは何か』

1789年4月10日　ブリソが「フランスの愛国者」紙を発刊
5月5日　ヴェルサイユで全国三部会が開幕する
ミラボー、「全国三部会新聞」紙を発刊
6月17日　第三身分代表議員が国民議会の設立を宣言する
6月19日　バレール、「今日の論点」紙を発刊
6月20日　球戯場の誓い、国民議会は憲法が制定されるまで解散しないと宣誓
6月23日　王が議会に親臨、国民議会に解散を命じる
6月27日　王が譲歩、第一、第二身分代表議員に国民議会への合流を勧告する
7月11日　ネッケルが財務長官を解任される
7月12日　デムーラン演説をきっかけに、パリの民衆が蜂起
7月14日　バスティーユ要塞が陥落する

フランス革命前半

〜フランス全土に大恐怖〜

8月4日　議会で封建制の廃止が宣言される
8月24日　コンドルセほかが「ラ・クロニーク・ドゥ・パリ」紙を発刊
8月26日　議会で人権宣言（人および市民の権利宣言）が採択される
9月16日　マラが「人民の友」紙を発刊
10月5〜6日　パリの女たちがヴェルサイユ行進を行う。国王一家もパリに移動
10月10日　ギヨタンが議会で断頭台の採用を訴える
議会でタレイランが教会財産の国有化を訴える
10月19日　憲法制定国民議会はパリに移動

10月29日　いわゆる「マルク銀貨法案」が議会で可決される
11月2日　教会財産の国有化が可決
11月28日　デムーランが「フランスとブラバンの革命」紙を発刊
12月14日　自治体改革に関する法案
12月22日　行政区割に関する法案
90年1月15日　全国で八三の県が設置されることが決まる
5月10日　議会に度量衡統一委員会
7月12日　議会で聖職者民事基本法が可決
9月　エベールが「デュシェーヌ親爺」紙を発刊
91年4月2日　ミラボーが死没する
6月20～21日　国王一家がパリ脱出（ヴァレンヌ事件）
7月17日　シャン・ドゥ・マルスの虐殺
9月3日　九一年憲法制定

立憲王政

10月1日　立法議会が開幕

～食料不足と物価高～

92年4月20日　オーストリアに宣戦布告、革命戦争が始まる
6月20日　パリの民衆がテュイルリ宮に押しかけ王に抗議する
8月10日　パリの民衆が蜂起して、テュイルリ宮で戦闘が起こる

フランス革命後半

8月13日　国王一家がタンプル塔に監禁される

1792年8月27日	国民公会議員選挙が始まる。フランス初の普通選挙
9月21日	国民公会が始まる、王政の廃止が決まる
9月22日	共和政の宣言が行われる
	第一共和政
12月11日	ルイ一六世の裁判が始まる
93年1月21日	ルイ一六世が処刑される
3月10日	革命裁判所の設立
	～ヴァンデ地方で反乱、フランス西部が内乱状態に突入する～
4月6日	公安委員会の設置
6月2日	パリの民衆と国民衛兵隊が議会を包囲、ジロンド派を追放する
6月24日	ジャコバン派による共和暦第一年の憲法制定
7月13日	マラが暗殺される
7月27日	ロベスピエールが公安委員会に入る
10月16日	マリー・アントワネットの処刑
10月31日	ジロンド派の処刑
11月24日	革命暦（共和暦）が採用される
94年3月24日	エベールらが処刑される
4月5日	ダントンらが処刑される
6月8日	最高存在の祭典
7月27日	テルミドール九日のクーデタ、ロベスピエールらが失脚する
95年4月1日	ジャコバン残党によるジェルミナールの蜂起
5月20日	ジャコバン残党によるプレリアールの蜂起

8月22日　共和暦第三年の憲法制定

10月5日　王党派によるヴァンデミエールの蜂起、ナポレオンが鎮圧する

10月27日　総裁政府の成立

96年3月11日　ナポレオンがイタリア遠征に出発する

5月10日　バブーフの陰謀が発覚する

97年9月4日　テルミドール派によるフリュクチドールのクーデタ

98年5月11日　テルミドール派によるフロレアールのクーデタ

5月19日　ナポレオンがエジプト遠征を始める

99年6月18日　テルミドール派によるプレリアールのクーデタ

11月9日　ブリュメール一八日のクーデタ、ナポレオンが権力を掌握する

ナポレオン期

12月25日　共和暦第八年の憲法成立

1800年6月14日　イタリア遠征、マレンゴの戦いでオーストリア軍に快勝

01年7月16日　ローマ教皇庁と政教協約（コンコルダ）が成立

02年8月2日　ナポレオンが終身の第一統領になる

04年3月21日　ナポレオン法典の成立

5月18日　ナポレオンがフランス皇帝に即位、ナポレオン一世になる

12月2日　ナポレオン戴冠式

第一帝政

14年4月6日　ナポレオン退位、ルイ一八世が即位

紆余曲折期

	王政復古
1815年3月20日	ナポレオン、パリ帰還、百日天下
24年9月16日	シャルル一〇世即位
30年7月27〜29日	七月革命が起こる
8月9日	オルレアン家のルイ＝フィリップが即位
	七月王政
48年2月22〜24日	二月革命が起こる。共和政宣言
	第二共和政
11月4日	第二共和政憲法制定
12月11日	ルイ＝ナポレオンが大統領に選出される
51年12月2日	ルイ＝ナポレオンがクーデタ
52年12月2日	ルイ＝ナポレオンが皇帝に即位、ナポレオン三世となる
	第二帝政
70年7月19日	プロイセンに宣戦布告、普仏戦争が始まる
9月2日	スダンの戦いでフランス軍が大敗、ナポレオン三世が捕虜に取られる
	第三共和政

人および市民の権利宣言（一七八九年）

Déclaration des droits de l'homme et du citoyen du 26 août 1789

前文

国民議会として構成されたフランス人民の代表者たちは、人の権利に対する無知、忘却または軽視が、公の不幸と政府の腐敗の唯一の原因であることを考慮し、人の譲りわたすことのできない神聖な自然的権利を、厳粛な宣言において提示することを決意した。この宣言が、社会のすべての構成員に絶えず示され、かれらの権利と義務を不断に想起させるように。立法権および執行権の行為が、すべての政治制度の目的とつねに比較されうることで一層尊重されるように。市民の要求が、以後、簡潔で争いの余地のない原理に基づくことによって、つねに憲法の維持と万人の幸福に向かうように。

こうして、国民議会は、最高存在の前に、かつ、その庇護のもとに、人および市民の以下の諸権利を承認し、宣言する。

第1条（自由および権利の平等）

人は、自由、かつ、権利において平等なものとして生まれ、生存する。社会的差別は、共同の利益に基づくのでなければ、設けられない。

第2条（政治的結合の目的と権利の種類）

あらゆる政治的結合の目的は、人の、時効によって消滅することのない自然的な諸権利の保全にある。

これらの諸権利とは、自由、所有、安全および圧制への抵抗である。
第3条（国民主権）
あらゆる主権の淵源は、本来的に国民にある。いかなる団体も、いかなる個人も、国民から明示的に発しない権威を行使することはできない。
第4条（自由の定義、権利行使の限界）
自由とは、他人を害しないすべてのことをなしうることにある。したがって、各人の自然的諸権利の行使は、社会の他の構成員にこれらと同一の権利の享受を確保すること以外の限界をもたない。これらの限界は、法律によらなければ定められない。
第5条（法律による禁止）
法律は、社会に有害な行為しか禁止する権利をもたない。法律によって禁止されていないすべての行為は妨げられず、また、何人も、法律が命じてないことを行うように強制されない。
第6条（一般意思の表明としての法律、市民の立法参加権）
法律は、一般意思の表明である。すべての市民は、みずから、またはその代表者によって、その形成に参与する権利をもつ。法律は、保護を与える場合にも、処罰を加える場合にも、すべての者に対して同一でなければならない。すべての市民は、法律の前に平等であるから、その能力に従って、かつ、その徳行と才能以外の差別なしに、等しく、すべての位階、地位および公職に就くことができる。
第7条（適法手続と身体の安全）
何人も、法律が定めた場合で、かつ、法律が定めた形式によらなければ、訴追され、逮捕され、または拘禁されない。恣意的な命令を要請し、発令し、執行し、または執行させた者は、処罰されなければならない。ただし、法律によって召喚され、または逮捕されたすべての市民は、直ちに服従しなければならない。その者は、抵抗によって有罪となる。

第8条（罪刑法定主義）

法律は、厳格かつ明白に必要な刑罰でなければ定めてはならない。何人も、犯行に先立って制定され、公布され、かつ、適法に適用された法律によらなければ処罰されない。

第9条（無罪の推定）

何人も、有罪と宣告されるまでは無罪と推定される。ゆえに、逮捕が不可欠と判断された場合でも、その身柄の確保にとって不必要に厳しい強制は、すべて、法律によって厳重に抑止されなければならない。

第10条（意見の自由）

何人も、その意見の表明が法律によって定められた公の秩序を乱さない限り、たとえ宗教上のものであっても、その意見について不安を持たされることがあってはならない。

第11条（表現の自由）

思想および意見の自由な伝達は、人の最も貴重な権利の一である。したがって、すべての市民は、法律によって定められた場合にその自由の濫用について責任を負うほかは、自由に、話し、書き、印刷することができる。

第12条（公の武力）

人および市民の権利の保障は、公の武力を必要とする。したがって、この武力は、すべての者の利益のために設けられるのであり、それが委託される者の特定の利益のためではない。
第13条（租税の分担）
公の武力の維持および行政の支出のために、共同の租税が不可欠である。共同の租税は、すべての市民の間で、その能力に応じて、平等に分担されなければならない。
第14条（租税に関与する市民の権利）
すべての市民は、みずから、またはその代表者によって、公の租税の必要性を確認し、それを自由に承認し、その使途を追跡し、かつその数額、基礎、取立て、および期間を決定する権利をもつ。
第15条（行政の報告を求める権利）
社会は、すべての官吏に対して、その行政について報告を求める権利をもつ。
第16条（権利の保障と権力分立）
権利の保障が確保されず、権力の分立が定められていないすべての社会は、憲法をもたない。
第17条（所有の不可侵、正当かつ事前の補償）
所有（la propriété）は、神聖かつ不可侵の権利であり、何人も、適法に確認された公の必要が明白にそれを要求する場合で、かつ、正当かつ事前の補償のもとでなければ、これを奪われない。

＊初宿《しやけ》正典・辻村みよ子編『新解説世界憲法集』第二版、三省堂、二〇一〇年より引用

一七九一年九月三日の憲法（冒頭）

Constitution du 3 septembre 1791

国民議会は、上で承認し且つ宣言したばかりの諸原則にもとづいて、フランス憲法を制定することを欲し、自由および諸権利の平等を害する諸制度を確定的に廃止する。

もはや貴族も、大貴族も、世襲的差別も、階級的差別も、封建的な制度も、世襲の裁判も、いかなる称号およびそれに由来する呼称や特権も、また貴族のあかしを必要としまたは出生による差別を前提とするいかなる騎士団もいかなる同業組合もいかなる勲章も存在せず、また官吏の職務執行における優越以外のいかなる優越も存在しない。

もはやいかなる官職売買もいかなる官職の世襲も存在しない。

国民のいかなる部分にとってもまたいかなる個人にとっても一切の特権は存せず、且つすべてのフランス人に共通な権利の例外も存在しない。

もはやいかなる職工組合も、いかなる職業、工芸の同業組合も存在しない。

法律は、もはや自然的な権利またはこの憲法に反する宗教的な祈誓その他のいかなる契約も認めない。

（以下続く）

＊中村義孝編訳『フランス憲法史集成』法律文化社、二〇〇三年より引用

人物・用語解説

▼まえがき

（1）**三部会**　中世後期から近世にかけて存在したフランスの身分制議会。聖職者・貴族・平民の三身分の代表者で構成。一六一四年以降は召集されなかったが、一七八九年に再開。フランス革命の導火線となる。

▼序章

（2）**テュルゴ**　Anne-Robert-Jacques Turgot, Baron de Laune（一七二七―八一）フランスの政治家、重農主義経済学者。一七七四年から七六年まで財務総監を務める。著書に『富の形成と分配についての省察』など。

（3）**ネッケル**　Jacques Necker（一七三二―一八〇四）スイス生まれ、パリで活躍した銀行家。重農学派の自由主義を批判し、統制を重視した経済理論を提唱。全国三部会の定員や議決方式を第三身分に有利にするように努力するが、一七八九年に財務長官を罷免される。憤激した民衆がバスティーユを占領。

（4）**カロンヌ**　Charles-Alexandre de Calonne（一七三四―一八〇二）一七八三年、財務総監に就任。平等な地租の制定、全土地所有者によって選出され課税の配分権をもつ州議会の設置など、漸進的な改革を提案するが、貴族からの反発で罷免される。八九年にイギリスに亡命し、反革命運動を組織した。

（5）**ブリエンヌ**　Étienne-Charles de Loménie de Brienne（一七二七—九四）一七八七年、カロンヌの後を受けて財務総監に就任。八八年、辞任後に枢機卿となりイタリアに滞在するが、九〇年に聖職者民事基本法に宣誓したことで、それも罷免される。九三年に反革命の容疑で逮捕され、服毒自殺。
（6）**リーマン・ショック**　Lehman Shock　アメリカの投資銀行リーマン・ブラザーズが、二〇〇八年九月一五日に破綻。世界的に株価が大暴落した。中低所得層を対象とした高金利の住宅担保の貸付け（サブプライム・ローン）を証券化した商品を抱え込んだまま、住宅バブルが弾けたことが原因。
（7）**ＧＨＱ**　General Headquarters　第二次世界大戦後、連合国軍が日本を占領・管理するために設置した総司令部。マッカーサー元帥を最高司令官として占領政策を実施。一九五二年のサンフランシスコ講和条約の発効と同時に廃止。
（8）**八・一五革命**　日本における真の民主主義革命は一九四五年八月一四日にポツダム宣言を受諾したことであったとする歴史観。憲法学者の宮沢俊義によって提唱され、丸山真男などに多大な影響を与えた。
（9）**六〇年、七〇年安保**　一九六〇年の日米安全保障条約改定、および一〇年後の七〇年の自動延長をめぐる、国民的な反対運動。
（10）**イラン革命**　一九七九年、イランのパーレビ王朝の独裁体制を倒し、宗教指導者ホメイニ師を中心にイスラム政体を樹立した革命。イラン側ではイスラム革命とも呼ばれる。
（11）**王権神授説**　国王の支配権は神から与えられたものであり、絶対神聖で不可侵であるとする政治思想。神授権説、帝王神権説ともいう。
（12）**ミラボー**　Honoré-Gabriel Riqueti, Comte de Mirabeau（一七四九—九一）フランスの政治家。

貴族出身でありながら第三身分から三部会に選出され、国民議会で大きな影響力を行使した。フランス革命初期の指導者。著書『プロイセン王国論』ほか。

（13）**ブリソ** Jacques-Pierre Brissot（一七五四―九三）フランスの文筆家、政治家。一七八九年に「フランスの愛国者」紙を発刊。九一年に立法議会の議員に選出され、ジロンド派の指導者となる。著書『所有権と窃盗に関する哲学的考察』ほか。

（14）**マラ** Jean-Paul Marat（一七四三―九三）フランスの革命指導者。スイス生まれ。開業医になるとともに文筆に親しみ、専制政治や宮廷の腐敗を批判。フランス革命勃発後に「人民の友」紙を発行、民衆の人気を得る。一七九二年国民公会議員に選出され、山岳派に所属。著書『奴隷の鎖』など。

（15）**デムーラン** Camille-Benoit Desmoulins（一七六〇―九四）フランスの革命家、ジャーナリスト。一七八八年、著書『フランス人民の哲学』により本格的革命が近いことを予告。八九年七月にパレ＝ロワイヤルで行った演説がフランス革命の引き金になる。山岳派。

▼第一章

（16）**百年戦争** 一三三九―一四五三年、イギリス王家とフランス王家の対立を軸に展開したヨーロッパ諸勢力の対立抗争。

（17）**テルミドールのクーデタ** 一七九四年七月二七日に、フランス革命政府を支配し恐怖政治を進めるロベスピエール派を陥落させたクーデタ。「テルミドールの反動」ともいう。これを契機に革命の急進化が終結。

（18）**ブリュメールのクーデタ**　一七九九年一一月九日、ナポレオン一世が総裁政府を倒し、執政政府を樹立した軍事クーデタ。「ブリュメール一八日」ともいう。ナポレオンは執政政府の第一執政として実権を握り、軍事的独裁を開始する。
（19）**ケレンスキー内閣**　社会革命党のケレンスキーを首相とするロシア革命時の臨時政府。二月革命後に樹立され、一〇月革命でレーニン率いるボリシェビキに打倒される。
（20）**ジロンド派**　Girondins　フランス革命期の穏健な政治党派。商工業ブルジョワジーを代表する共和主義派で、ブリソ、コンドルセ、ヴェルニオなどが所属。「ジロンド県出身の議員」が名称の由来。
（21）**ジャコバン派**　Jacobins　フランス革命期の急進的な政治党派。パリのジャコバン修道院を本部とし、ロベスピエールらを指導者に革命を主導。ジロンド派と対立。恐怖政治を行ったが、テルミドールのクーデタで政権を失う。
（22）**テルミドール派**　Thermidorien　テルミドールのクーデタ後に政権を握った上層ブルジョワジーの一派。恐怖政治を一掃し、ブルジョワジーによる支配を目指した。
（23）**シェイエス**　Emmanuel-Joseph Siéyès（一七四八—一八三六）フランスの政治家。はじめ聖職者であったが『第三身分とは何か』を著し、初期革命の推進者として活動。のちにブリュメールのクーデタに参画、上院議長に就任するが、王政復古後に追放される。
（24）**タレイラン**　Charles-Maurice de Talleyrand-Périgord（一七五四—一八三八）フランスの政治家、外交官。フランス革命期の三部会議員。聖職身分議員でありながら、反カトリック教会的な政策を推進。亡命後、ナポレオン帝政下で外相として活躍、多くの条約の締結に貢献する。

（25）**ＫＧＢ**　Komitet Gosudarstvennoi Bezopasnosti　旧ソ連の国家保安委員会。国家権力を維持するために、反体制派の抑圧、国境警備、対外諜報活動などを行った。一九九一年に解体。
（26）**ハンガリー動乱**　一九五六年にハンガリーで非スターリン化を求めて起きた政治的動乱。ソ連の武力を背景に大粛清を行ったラーコシ派の一掃などを求めた民衆が各地で蜂起。ソ連の軍事介入により鎮圧。ハンガリー事件。
（27）**チェチェン**　Chechen　ロシア連邦南西部、北カフカスにある共和国。ロシア連邦を構成する二一共和国のうち、唯一ロシアからの独立を主張する。首都グローズヌイ。主要言語はチェチェン語、ロシア語。宗教はイスラム教スンニー派など。
（28）**ド・ゴール**　Charles de Gaulle（一八九〇―一九七〇）フランスの軍人、政治家。一九四〇年フランスの対ドイツ降伏後、ロンドンに逃れ自由フランス運動を指導。四四年のパリ解放とともに共和国臨時政府の首相に就任。一時引退したが、五八年アルジェリア戦争の危機に政界復帰、第五共和政を発足させ、初代大統領に就任。
（29）**ジスカール・デスタン**　Valéry Giscard d'Estaing（一九二六―）フランスの政治家。一九五六年下院議員に選出され、六二年独立共和派を結成。ポンピドーの大統領選出に尽力し、ポンピドーの死後、七四年に左翼連合候補だったミッテランを僅差で破り大統領に就任。
（30）**ミッテラン**　François Mitterrand（一九一六―九六）フランスの政治家。マンデス＝フランス内閣の内相、社会党第一書記など要職を歴任したのち、一九八一年大統領に就任し、社会党政権を樹立。九五年まで二期一四年間大統領を務めた。

（31）**講座派**　一九三〇年代に日本資本主義の特質をめぐって行われた論争で、日本資本主義における半封建的土地所有制の役割を強調した学派。野呂栄太郎、平野義太郎、山田盛太郎、服部之総らが中心的なメンバー。

（32）**労農派**　講座派との間で日本資本主義論争を展開した社会主義者のグループ。一九二七年に雑誌「労農」を創刊。明治維新をブルジョワ革命としてとらえ、日本資本主義の半封建的・絶対主義的性格を否定した。主なメンバーは山川均、猪俣津南雄、向坂逸郎など。

（33）**ブリュメール一八日**　『ルイ・ボナパルトのブリュメール一八日』が正式書名。カール・マルクスの著書（一八五二年）。なぜフランスの第二共和政がブリュメールのクーデタによって打倒され、ナポレオンによる独裁権力が圧倒的な支持を得たかを鋭く分析。

▼第二章

（34）**サンソン家**　フランス・パリで代々死刑執行人を務めた家系。四代目のシャルル・アンリ・サンソン（一七三九－一八〇六）は、ルイ一六世やマリー・アントワネットの処刑に関わった。

（35）**ダヴィッド**　Jacques-Louis David（一七四八－一八二五）フランスの画家。新古典主義絵画の代表者。ナポレオン一世の首席宮廷画家として、当時の諸事件の視覚的な記録を残した。王政復古後にブリュッセルに亡命。代表作「ナポレオンの戴冠式」など。

（36）**ブルジョワ**（**ブルジョワジー**）　bourgeois（bourgeoisie）　貴族・聖職者と労働者・農民の間に位置づけられる、都市の裕福な商工業者や地主を指す。封建身分に対抗する第三身分として発達、近代の市民革命の推進役となった。

（37）**フイヤン派**　Feuillants　フランス革命時の党派で、ジャコバン・クラブから分離したメンバーにより結成。立憲君主政と一七九一年の憲法の維持を目指し、立法議会で左派のジャコバン派と対立。九二年八月の革命で王政廃止と共和政が宣言されると、影響力を失い衰退した。

▼第三章

（38）**朝鮮戦争**　第二次大戦後の米・ソの対立を背景に、大韓民国と朝鮮民主主義人民共和国との間で行われた大規模な国際紛争。一九五〇年から三年余にわたって繰り広げられ、朝鮮半島のほとんど全域が戦場化。五三年七月に休戦協定が成立、三八度線に沿った軍事境界線が設定された。

（39）**レッドパージ**　red purge　日本では一九五〇年の朝鮮戦争勃発前後の時期に、ＧＨＱの指示と支援により、公職や民間企業から共産党員とそのシンパを追放したことを指す。当初、日本の民主化・非軍事化を進めていたＧＨＱは、東西両陣営の対立激化にともない占領政策を転換し、自由主義陣営の一員として日本の自立と再軍備を推進（「逆コース」）、レッドパージもその流れのなかで行われた。

（40）**赤軍派**　共産主義者同盟赤軍派の通称。一九六〇―七〇年代にかけて活動した組織。塩見孝也らを中心に結成された。

（41）**公民権運動**　Civil Rights Movement　アメリカ黒人が人種差別の撤廃と公民としての権利保障を求めて展開した運動。一九五四年の黒人と白人の別学を違憲と認めたブラウン事件判決や五五年のバス・ボイコット運動を契機に拡大。キング牧師らが活躍した。

（42）**五月革命**　一九六八年五月、フランスで学生らの運動を中心に発生し、労働運動と結びつきゼネストへと発展、ド・ゴール大統領の第五共和政体制を揺るがせた。

▼第四章

（43）**ラ・ファイエット**　Marie-Joseph-Paul-Yves-Roch-Gilbert Motier, marquis de La Fayette（一七五七―一八三四）フランスの政治家。侯爵家出身。アメリカ独立戦争に従軍し「新大陸の英雄」として名声を博した。一七八九年に三部会議員に選出。バスティーユ事件直後にパリ国民軍司令官に任命され、人権宣言の起草に参加した。フイヤン派に所属。

（44）**デュポール**　Adrien-Jean-François Duport（一七五九―九八）フランスの政治家。法服貴族の名門出身で、バルナーヴ、ラメットらと三頭派を結成。

（45）**ラメット**　Alexandre-Théodore-Victor de Lameth（一七六〇―一八二九）フランスの軍人、政治家。貴族出身。アメリカ独立戦争に義勇兵として参戦したラメット兄弟の末弟。三頭派の一人。

（46）**バルナーヴ**　Antoine Barnave（一七六一―九三）フランスの政治家。高等法院検事の家庭に生まれる。一七八九年の全国三部会の第三身分議員として当選。三頭派、フイヤン派に所属。議会屈指の雄弁家として知られた。著書『フランス革命序説』ほか。

（47）**サン゠ジュスト**　Louis-Antoine-Léon de Saint-Just（一七六七―九四）フランス革命期の政治家。山岳派に属し、急進的な理論家の一人としてロベスピエールらと活動。ルイ一六世の即時処刑を主張し一躍有名となる。「恐怖政治の大天使」と呼ばれ、革命的独裁の樹立による強力な諸施策を遂行したが、テルミドールのクーデタでロベスピエールらと共に死刑になった。

（48）**ゲッベルス** Joseph Goebbels（一八九七―一九四五）ドイツの政治家。ナチス政権の初代国民啓蒙・宣伝大臣に就任し、言論弾圧・文化統制・反ユダヤ主義国家を強行。

（49）**ダントン** Georges-Jacques Danton（一七五九―九四）フランスの政治家。フランス革命時の山岳派の指導者の一人として、ロベスピエールやマラとともに活躍。内部の分派抗争が激化すると、恐怖政治の収拾を主張、ロベスピエール派によって弾劾・処刑された。

（50）**APEC** Asia-Pacific Economic Cooperation エーペック。アジア太平洋地域の二一の国と地域が参加する経済協力の枠組み。地域の自由貿易拡大、経済・技術協力、人材開発などの推進を目的とする。

（51）**エベール** Jacques-René Hébert（一七五七―九四）フランス革命期の政治家。一七九〇年、革命的大衆紙「デュシェーヌ親爺」を創刊。急進的小市民・無産者の支持を得てエベール派を形成。ロベスピエール派に対する蜂起を呼びかけるが失敗し、処刑される。

（52）**トロツキー** Lev Trotskii（一八七九―一九四〇）ロシアの革命家、ソ連共産党指導者。永久革命論を構築。一〇月革命では軍事蜂起を指導し、のち赤軍創設を指導。レーニン死後は、一国社会主義論を主張するスターリンら党主流と対立。亡命後もスターリン主義に反対し続け、一九三七年にソ連社会を分析・批判した『裏切られた革命』を刊行。四〇年、暗殺。

（53）**犬養毅**（一八五五―一九三二）政党政治家。西南戦争の従軍記者を経て、立憲改進党の結成に参加。第一回総選挙に当選、以後一七回連続当選し、護憲運動、普選運動を推進。一九三一年首相となり、戦前最後の政党内閣を組織したが、翌年五・一五事件で暗殺される。

▼終章

（54）**カエサル**　Gaius Julius Caesar（前一〇〇頃—前四四）古代ローマの政治家、将軍。前六〇年ポンペイウス、クラッススと結んで第一回三頭政治を始め、ガリアを平定したのち、内乱に勝利し単独支配者となる。世界帝国的視野に基づく変革を行ったが、ローマの伝統を破る者として共和派に暗殺された。著書『ガリア戦記』など。

（55）**アントニウス**　Marcus Antonius（前八二頃—前三〇）古代ローマの政治家、将軍。カエサルの部下として活躍し、カエサルの暗殺後、オクタヴィアヌスらとともに第二次三頭政治を組織。前四二年、フィリッピの戦いでカエサルの暗殺者ブルートゥスらを破った。のちオクタヴィアヌスと対立し、クレオパトラと結んだが、前三一年アクティウムの海戦で敗戦。翌年自殺。

（56）**オクタヴィアヌス**　Gaius Octavianus（前六三—後一四）ローマ帝国初代皇帝。前四三年にアントニウスらと第二次三頭政治を組織。のちアントニウスをアクティウムの海戦で破り、ローマの覇権を掌握、アウグストゥス（崇高なる者）の称号を得て元首政を開始。ローマ文化の黄金期をもたらした。

（57）**ニューディール政策**　New Deal　一九三〇年代にアメリカ合衆国のフランクリン・D・ルーズベルト政権が実施した恐慌政策。伝統的な自由主義経済の原則から、政府が積極的に経済に関与する政策へと転換。それにより政府の経済的機能が拡大・強化された。

対談を終えて「二〇一一中東革命」の嵐の中で

池上 彰

フランスに比べて、日本の場合は実は二分の一革命でしかなかったという佐藤さんの論は、とても新鮮でした。フランス革命に通暁している佐藤さんだからこそ可能な比較・比喩です。

対談は、時の経つのを忘れるほど刺激的なものでした。佐藤さんの話に触発され、私も思わずなけなしの知恵を披露してしまうという恥をかいてしまいました。

佐藤さんの話を聞けば聞くほど、世界史におけるフランス革命の重大な意味を再認識させられました。

その一方で、理想をめざしながらも、やがて暴走してしまうという革命の持つ生理の恐ろしさも痛感しました。

フランス革命の負の影響力

フランス革命の後期に犠牲になった人々の数の多さ。それは、やがてロシア革命や新中国樹立で拡大再生産されます。さらに、中国革命に触発されたポル・ポト政権によって引き起こされたカンボジアの惨劇。少なくとも一〇〇万人から三〇〇万人もの人が処刑されるという阿鼻叫喚が、東南アジアの地で起きてしまったのです。

カンボジアはフランスの植民地でした。惨劇を引き起こしたポル・ポトは、フランスに留学したエリートでした。おそらくフランスでフランス革命の精神に触れたことでしょう。ポル・ポトが留学した当時のパリには、共産主義思想の影響を受けた学生たちが大勢いました。中国の鄧小平も、ベトナムのホー・チミンも、パリで革命思想を学んだのです。

フランス革命の影響で独立したハイチ

二〇一〇年に発生した中米ハイチでの大地震。内政の混乱の中からようやく立ち上がろうとしていた中米の最貧国を襲いました。それに追い打ちをかけたのがハリケーンとコレラでした。悲惨なニュースが次々に飛び込んできました。

ハイチは、どうして、こんな事態になったのか。歴史を繙《ひもと》いて驚いたのは、ハイチがフランス革命の影響を大きく受けていたことでした。

カリブ海は、イギリス、スペイン、フランスなどヨーロッパ列強の植民地にされていました。周辺の多くの国がスペインの植民地になったのに対して、ハイチはフランスの支配下に入りました。本国でフランス革命が勃発すると、その革命思想は、大西洋を渡ってハイチにも届きました。

人権思想という高い理想に接したハイチの人々は、独立志向を強め、カリブ海の国としては、最も早く独立を達成しました。一八〇四年のことでした。フランス革命が世界史に与えた影響は、ここにも存在したのです。

しかし、早すぎた独立でした。経済基盤もなく、国家を経営するだけの人材もないまま早産したカリブの小国には、まもなく独裁者が出現します。フランス革命の後にナポレオンが誕生したように。

ハイチは、独立と引き換えに、フランスに対して莫大な負債を抱え、以後、苦難の道を歩みます。周辺のフランスの植民地は、フランス海外県となって、本国からの支援で、それなりのインフラ整備が進んだのに、ハイチは、すっかり取り残されてしまいました。これぞ歴史の皮肉としか言いようがありません。

フランス革命は、それだけの破壊力を持っていたのです。

中東で始まった革命

そんな破壊力とは無縁の日本は、「二分の一革命」だったという話を聞いて、良くも悪くも微温的な日本社会について思いを馳せていたところ、二〇一一年初頭から、北アフリカ・中東で、本格的な「革命」が始まりました。

私はこれを、東欧革命に匹敵する二一世紀の歴史がいま形成されているのだと受け止めています。

一九八九年、ベルリンの壁が崩壊したとき、「まさか私が生きている間に壁が崩壊するとは」と、驚きました。それが、あれよあれよと言う間に、ソビエト連邦の崩壊にまで発展しました。まさに「東欧革命」でした。

ソビエトでは、崩壊の前にクーデタ騒ぎがありましたが、それなりに民主主義の経験がある東欧諸国は、ほとんど流血を見ることなく平和裏に革命が達成されました。ヨーロッパには、革命と人権の歴史が流れている。そんなフランス革命の影響を感じ取ったものです。

そして、二〇一一年。北アフリカや中東諸国の多くは、絶対王政だったり、長期独裁政権だったり、とても二一世紀の世界とは思えぬ状態が続いてきました。私もたびたび足を運んだ国々。人々は一見、つましい生活を楽しんでいるように思えました。しかし、底流には、民主主義を渇望する人々の思いが沈殿していたのです。

チュニジアから東へ広がった

きっかけはチュニジアでした。失業中の若者が、野菜・果物の露店を開いたところ、見回りの婦人警察官に咎《とが》められ、商品を没収された上に、殴打されたのです。警察官に賄賂《わいろ》を渡せば見逃される程度のものだったのですが、この若者は、賄賂を渡すことを潔しとせず、絶望して焼身自殺しました。

イスラム世界では自殺は御法度。さらに遺体を焼くことは、世界の終りが来た後、復活するための体を失うことになると考えられているため、考えられないことでした。その両方の禁を犯してまで体制に抗議した勇気に、人々は驚愕と共に感動・共感しました。

これがネットで伝わると、人々の輪が広がり、抗議集会が開かれました。

長期にわたる軍事独裁政権は、自然発生的に集まった若者たちの対処法を知りませんでした。発砲で若者たちを追い散らそうとしたため、若者たちの怒りは爆発。大々的な反政府集会へと発展しました。

まるでフランス革命の始まりを告げたバスティーユ襲撃を想起させるではありませんか。

そういえば、チュニジアは、かつてフランスの植民地でした。フランス思想が流れ込んでいたはずです。

若者たちを立ち上がらせたネット情報。フランス革命の原動力となった「言葉の力」を思い出します。

電波は国境を越えた

さらに、中東にはアルジャジーラという衛星放送があります。カタールに本社を置くアラビア語のニュース専門チャンネルで、中東には珍しく、報道の自由を貫いています。中東諸国の放送局が、どこも国営放送で政府に都合の悪いことを伝えない中で、アルジャジーラだけは、チュニジアやエジプトの反政府運動を刻々と伝えました。

北アフリカ・中東の人々の言語はアラビア語。文字を読み書きできない庶民も、この放送を見れば、事態の推移はわかります。

若者たちのネットが火をつけた行動は、衛星放送を通じて拡大しました。フランス革命当時、庶民にわかりやすい言葉で伝えた新聞が登場したように。

東欧革命も、西側諸国の衛星放送の電波が、ベルリンの壁や国境を越えて飛び込んできたことが背景にありました。二〇年の時を超えて、再び電波が国境を越え、革命を引き起こしたのです。

中間層が育っていた

長年の独裁政権の中でも、次第に教育が普及し、経済的にもパソコンを持てる程度に余裕のある階層が育っていました。いわゆる中間層の厚みが増していたのです。フランス革命を指導したブルジョワジーが育っていたときのように。

読み書きができ、ツイッターやフェイスブックなどのネットのツールを使いこなす彼らが出現したことで、革命の火蓋が切って落とされました。

人口論の観点から言えば、二〇代前後の若者たちの人口比が高くなったとき、その社会では革命や暴動などが起こりやすくなります。たとえば一九七〇年前後の日本が典型です。戦後生まれの団塊世代の人口比が高まったとき、社会は不安定になり、怒れる若者たちは、不満のはけ口を社会に向けたのでした。

それでも当時の日本は、中東とは異なり、選挙というガス抜き装置が備わっていました。若者たちの主張を伝えるマスメディアも存在し、こうした社会の安全装置によって、日本は再び「二分の一革命」に留まったのです。

北アフリカ・中東地域の人口爆発は、二〇代前後の若者を大量に生み出していました。人口爆発に経済成長が追いつかず、失業率は高止まり。はけ口のない不満を抱えた若者たちの行動が、革命を引き起こしました。

指導者なき革命の行方は?

革命の波は、チュニジア、エジプトに続いて、リビア、バーレーン、イエメン、イラン、シリアへと、まるで津波のように襲いかかりました。リビアでは、反政府勢力に軍の一部が合流し、政府軍との間で熾烈な内戦に発展しました。

遠い地の出来事と思われた出来事は、まもなくアジアにも波及しました。中国は、インターネット規制を強化し、中東からの情報の流入を遮断。国内での民主化運動を無理やり抑え込みました。

しかし、たとえ一時的には抑え込むことに成功しても、基本的人権を守れとの要求は普遍的なものです。やがて、革命の波は、さらに怒濤のように広がっていくことでしょう。

今回の北アフリカ・中東の革命の推移を見ていて気にかかるのは、反政府勢力側の人材不足です。長年の独裁によって反政府勢力は弾圧され、野党は存在しませんでした。人々の自然発生的な行動が革命を成功させましたが、問題は、これからです。フランス革命でいうところの後期に差し掛かったのです。

怒れる若者たちのパワーが、どこに向かうのか。能力のある指導者が出現すれば、革命は順調に進むかも知れません。けれども、革命自体が内包する生理によって、パワーのベクトルが内向きになったとき、そこには内部対立・抗争の暗い穴がぽっかりと開いています。今回の民衆革命が、まるでフランス革命をなぞるかのような推移になることはないのか。私は、民主革命を諸手《もろて》を挙げて歓迎しながらも、恐怖に震えています。

願わくば、北アフリカ・中東の人々が、フランス革命後期の泥沼に足を踏み入れることがありませんように。負の歴史を繰り返さないように、歴史から学ぶことを願っています。

歴史に学ぶという点では、日本も例外ではありません。政権交代という日本の二分の一革命が、これからどこへ向かうのか。

二〇一一年三月になって、東日本大震災という未曾有の災害が日本を襲いました。フランス革命の前段に、フランスで大飢饉が襲ったような自然災害に、日本は見舞われたのです。

震災の後の日本の政治家の右往左往ぶりを見るにつけ、政治家の資質について思いを馳せたくなります。

この動乱の中で、日本はどの道を選択するのか。ここでも、フランス革命の歴史から学ぶことは、たくさんあるのです。

二〇一一年五月

池上 彰（いけがみ あきら）

一九五〇年生まれ。慶応大学卒業。NHK報道記者を経てフリーに。著書に『そうだったのか！現代史』『伝える力』『知らないと恥をかく世界の大問題』他。

佐藤賢一（さとう けんいち）

一九六八年生まれ。東北大学大学院で西洋史学を専攻。九九年『王妃の離婚』で第一二一回直木賞を受賞。著書に『双頭の鷲』『小説フランス革命』他。

集英社新書〇五九六A

日本《にほん》の1/2《にぶんのいち》革命《かくめい》

二〇一一年六月二二日 第一刷発行

著者……池上《いけがみ》 彰《あきら》／佐藤《さとう》賢一《けんいち》

発行者……館 孝太郎

発行所……株式会社集英社

東京都千代田区一ツ橋二-五-一〇 郵便番号一〇一-八〇五〇

電話 〇三-三二三〇-六三九一（編集部）
〇三-三二三〇-六三九三（販売部）
〇三-三二三〇-六〇八〇（読者係）

装幀……原 研哉

印刷所……凸版印刷株式会社

製本所……加藤製本株式会社

定価はカバーに表示してあります。

ISBN 978-4-08-720596-1 C0231

佐藤賢一の本

小説フランス革命〈全十二巻予定〉

Ⅰ　革命のライオン　好評発売中
Ⅱ　バスティーユの陥落　好評発売中
Ⅲ　聖者の戦い　好評発売中
Ⅳ　議会の迷走　好評発売中
Ⅴ　王の逃亡　好評発売中
Ⅵ　フイヤン派の野望　好評発売中
Ⅶ　ジロンド派の興亡　2012年6月刊行予定
Ⅷ　共和政の樹立　2012年9月刊行予定
Ⅸ　ジャコバン派の独裁　2012年12月刊行予定
Ⅹ　粛清の嵐　2013年3月刊行予定
Ⅺ　徳の政治　2013年6月刊行予定
Ⅻ　革命の終焉　2013年9月刊行予定

＊Ⅶ巻以降のタイトルおよび刊行予定日は変更の場合があります。

フランス革命の肖像（集英社新書 ヴィジュアル版）

フランス革命史に登場する
有名無名の人物たちの肖像画およそ八〇点を取り上げ、
彼ら彼女らの人物評を軽妙なタッチで描く。
人物相関図等の付録も充実。
『小説フランス革命』の副読本としても打ってつけの内容。